Libre para volar

Libre para volar

La historia de un padre
y la lucha por la igualdad

Traducción de Julia Fernández

ZIAUDDIN YOUSAFZAI

con LOUISE CARPENTER

Alianza Editorial

Título original: *Let Her Fly*

Copyright © Ziauddin Yousafzai 2018
© del prefacio: Copyright © Malala Yousafzai 2018
© de la traducción: Julia Fernández Hart, 2019
© Alianza Editorial, S. A., Madrid, 2019
    Calle Juan Ignacio Luca de Tena, 15
    28027 Madrid
    www.alianzaeditorial.es
    ISBN: 978-84-9181-594-5
    Depósito legal: M. 18.874-2019
    Printed in Spain

SI QUIERE RECIBIR INFORMACIÓN PERIÓDICA SOBRE LAS NOVEDADES DE
ALIANZA EDITORIAL, ENVÍE UN CORREO ELECTRÓNICO A LA DIRECCIÓN:
alianzaeditorial@anaya.es

Índice

Prefacio 9

Prólogo 15

Padre 27

Hijos 69

Esposa y amiga 105

Hija 139

Epílogo 185

Agradecimientos 191

Para el doctor coronel Muhammad Junaid y para el doctor Mumtaz Ali. Ellos fueron quienes operaron providencialmente a Malala en Pakistán, cuando sufrió el atentado. Con la gracia de Dios salvaron la vida de Malala.

Prefacio

Malala Yousafzai

He escrito este prefacio para dar las gracias a mi padre. Desde que le conozco ha sido la personificación del amor, la compasión y la humildad. Me ha enseñado qué es el amor, no solo con palabras, sino con sus propios actos de afecto y cariño. No he visto nunca a mi padre ser despreciativo o injusto con alguien. Para él, todas las personas eran iguales, ya fueran musulmanas o cristianas, de tez blanca u oscura, pobres o ricas, hombres o mujeres. Como director de un colegio, activista social y comprometido trabajador social, era atento, respetuoso y colaborador con todos. Todo el mundo le quería. Se convirtió en mi ídolo.

No éramos una familia rica económicamente, pero sí lo éramos en un sentido ético y moral. *Aba* piensa que la riqueza no constituye un factor ni una garantía para ser feliz. Nunca nos sentimos pobres, aunque recuerdo con toda claridad épocas en las que no teníamos suficiente dinero para comprar comida. Si mi padre obtenía algún dinero de los ingresos del colegio, gastaba casi todo en un día en la familia, nos traía fruta y daba el resto a mamá, pues era ella la que se encargaba de comprar muebles, cubiertos, etc. A mi padre ir de compras le aburría; le aburría tanto que muchas veces discutía con mamá si ella se demoraba demasiado. Ella le regañaba y le decía: «Ya me lo agradecerás cuando lleves este traje». Le encantaba vernos felices y sanos a mis hermanos, a mi mamá y a mí. Para él, nosotros teníamos lo que más importaba en la vida: educación, respeto y un amor incondicional que era suficiente para que nos sintiéramos ricos y felices.

Su amor por mí le convirtió en un escudo que me protegía de todo lo malo e infame que me rodeaba. Fui una niña feliz y segura, incluso en una sociedad que no ofrecía la perspectiva más halagüeña para mi futuro como mujer. En el hogar en el que crecí se sentía un profundo respeto por las mujeres y las jóvenes, aun cuando este respeto no se reflejara en el mundo al otro lado de nuestras paredes. Pero mi padre me proporcionó el escudo del amor. Él era mi defensa en una sociedad que no me trataba como a una igual. Desde el principio, se enfrentó a todo lo que amenazaba mi futuro. Yo tenía derecho a la igualdad y él se aseguró de que pudiera ejercerlo.

Esta cultura del respeto que imperaba en casa, especialmente hacia las mujeres, iba unida a la convicción de Aba del valor de vivir la vida en toda su plenitud y de aprovechar las oportunidades que nos presenta. Aprendí de él que debo esforzarme en hacer las cosas lo mejor que pueda, que debo ser lo mejor que pueda y que debo respetar a las personas, con independencia de su procedencia.

Mi padre y yo hemos sido amigos desde el principio y lo seguimos siendo, lo que no es frecuente a medida que las niñas crecen y empiezan a distanciarse. Yo solía compartir todo con mi padre, más que con mi madre, desde quejarme por los dolores del periodo hasta pedirle que me consiguiera compresas. De hecho, mi madre me asustaba bastante de lo estricta que era. Mi padre siempre se ponía de mi lado cuando discutía con mis hermanos, lo que ocurría casi todos los días.

Yo no era distinta de las otras niñas de mi clase en Pakistán, de mis amigas del barrio y de las demás niñas del valle de Swat. Pero tuve la inestimable oportunidad de que en casa me apoyaran y me animaran. No es que mi padre me diera largas charlas o consejos cada día. Más bien era que sus maneras, su dedicación al cambio social, su honestidad, su mentalidad abierta, sus ideales y su comportamiento ejercieron una gran influencia sobre mí. Me mostraba su aprecio constantemente. Siempre me decía: «Vas muy bien en tus estudios, *Jani*», «Hablas muy bien». Me puso de apodo *Jani*, que significa «querida amiga». Siempre podía contar con su reconocimiento y sus ánimos por mis pequeños logros, mi trabajo escolar, mis dibujos, mis competiciones de oratoria, todo. Mi papá siempre estaba orgulloso de mí. Creía más en mí que yo misma. Y esto me dio la confianza de que podría hacer todo lo que me propusiese.

Mi padre sabe escuchar y esta es una de sus cualidades que siempre me han encantado. Por supuesto, no me refiero a cuando está absorto en su iPad o en Twitter. Entonces tienes que llamarle «*Aba*» al menos diez veces para que responda. Aunque cada vez dice «Sí, *Jani*», me doy cuenta de que en realidad no escucha mientras está en Twitter. Cuando escucha a la gente, en especial a los niños, les dedica toda su atención y atiende a lo que le dicen. Conmigo también era así. Siempre escuchaba lo que le contaba, mis pequeñas historias, mis quejas, mis preocupaciones y mis proyectos. Mi padre me hizo darme cuenta de que mi voz era poderosa e importante. Esto es lo que me animó a usarla y me dio una confianza inmensa. Sabía cómo contar una historia, sabía cómo defender mis convicciones y cuando llegaron los talibanes, estaba convencida de que era capaz de alzar la voz para defender mi educación y mis derechos.

Cuando me hice más mayor empecé a ver lo distintos que eran mis padres cuando las niñas de mi entorno dejaban de ir a la escuela o no se las permitía ir a sitios en los que también habría hombres y muchachos. Perdemos a muchas mujeres y jóvenes en esta clase de sociedad, en la que los hombres deciden cómo deben vivir las mujeres y qué deben hacer. He visto a jóvenes extraordinarias a las que se obligó a renunciar a su educación y su futuro. A esas jóvenes nunca se les dio la oportunidad de ser ellas mismas. Pero yo no era una de ellas. Yo pronunciaba discursos en lugares en los que solo hablaban los chicos y por todas partes a mi alrededor oía a los hombres decir: «A estas chicas hay que mantenerlas separadas». A algunas de mis compañeras de clase y amigas sus padres y sus hermanos les impedían participar en los debates escolares entre chicas y chicos. Mi padre era completamente contrario a esta mentalidad y quería que cambiara.

Recuerdo que cuando mi papá charlaba con sus amigos y los ancianos que le visitaban en la habitación de invitados de nuestra casa, yo les llevaba el té y me sentaba con ellos. Mi papá nunca decía: «Malala, los mayores estamos hablando de política, son cosas de adultos». Dejaba que me sentara y escuchara y, además, permitía que les expusiera mi opinión.

Esto es importante porque una niña que crece en una sociedad o en un hogar donde impera la desigualdad tiene que luchar contra su propio temor de que sus sueños no lleguen a hacerse realidad. Para millones de niñas, la escuela es un sitio más seguro que su hogar. En casa se les ordena que cocinen y limpien, y que se preparen para el matrimonio. Incluso en mi caso, con mis padres, la escuela me ofrecía un refugio de las limitaciones de la sociedad. Cuando iba al colegio, mi mundo eran mis fantásticos profesores y la fantástica directora, y a mi lado, en clase, estaban mis amigas, y todas hablábamos de aprender y de nuestros sueños para el futuro.

Es difícil expresar cuánto me gustaba ir a la escuela que fundó mi padre. En clase, aprendiendo, casi podía sentir que mi cerebro crecía y crecía físicamente. Yo sabía que era la información lo que estaba expandiendo mi mente, todas las cosas que ocupaban mi cabeza, ampliando mis horizontes.

Aquel papá que me educó sigue siendo hoy el mismo. Es idealista. Además de ser maestro, es poeta. A veces pienso que vive en un mundo de ensueño, un mundo de amor a la gente, un mundo de amor a sus amigos, a su familia y a todos los seres humanos. No suelo leer poesía, pero sí me llega este mensaje de amor.

La gente que quiere cambiar el mundo muchas veces abandona demasiado pronto, o ni siquiera llega a empezar. Dice:

«Esto me supera. ¿Qué puedo hacer? ¿Cómo puedo ayudar?». Pero mi papá siempre creyó en sí mismo y en su poder para cambiar las cosas, ya fuera en algo nimio. Me enseñó que, aunque solo podamos ayudar a una persona, no debemos pensar que no merece la pena. Cada pequeña aportación cuenta a largo plazo. Para mi padre, el éxito no consiste únicamente en alcanzar un objetivo. Es hermoso ponerse en marcha, recorrer el camino, contribuir al cambio y fomentarlo.

Puede que mi padre no logre convencer a todo el mundo de que hay que tratar a las mujeres con respeto y como a iguales —lo que sigue haciendo a día de hoy—, pero cambió mi vida para mejor. Me dio un futuro, me dio mi voz ¡y me dejó volar!

Aba, ¿cómo podré agradecértelo?

Prólogo

Muchas personas me preguntan, con amor y benevolencia en sus corazones: «¿Cuál ha sido el momento del que se siente más orgulloso, Ziauddin?». Pienso que quizá están invitándome a responder: «Cuando Malala recibió el Premio Nobel de la Paz, por supuesto», o «Cuando habló ante la ONU en Nueva York por primera vez», o «Cuando conoció a la reina».

Malala es respetada y honrada en todo el mundo, pero para mí es imposible responder a esta pregunta porque, en el fondo, no es una pregunta sobre Malala mi hija, sino sobre lo influyente que ha sido. ¿Debo sentirme más orgulloso por el hecho de que hable con una reina o con un jefe de Estado que por un Premio de la Paz? No podría decirlo.

Por el contrario, lo que respondo es: «Me siento orgulloso del Malala cada día de mi vida», y lo digo con total sinceridad. Mi Malala es tanto la joven que me hace reír en el desayuno con su ingenio cortante, mucho más agudo que el mío, como la niña que durante gran parte de su vida fue a una escuela modesta en Mingora, Pakistán, y resultó ser más fuerte que los talibanes.

Nunca he conocido a otra niña o a otro niño al que le apasione tanto aprender. Y aunque el mundo piense: «Es que Malala es muy lista», como muchos estudiantes, a veces está sobrecargada de trabajo. Cuando una fría jornada inglesa se apaga en una noche inglesa aún más fría —y los Yousafzai, acostumbrados a los rayos del sol quemándonos la piel, sentimos el frío inglés hasta los tuétanos—, Malala con frecuencia permanece despierta en su habitación, la lámpara encendida sobre sus libros, el ceño fruncido. Trabajando, estudiando, siempre estudiando, preocupada por sus notas.

La bendición de la vida de Malala —su «segunda vida», como su madre, Toor Pekai, la ha llamado desde que Dios salvó a Malala del atentado que sufrió— no es solo que Malala la haya dedicado a luchar por los derechos de todas las niñas sin excepción. También es que ella misma está haciendo realidad su propio sueño. A veces, para un padre, un momento de verdadera belleza, de suerte, de amor, de admirarse maravillado *¡¿Cómo puede ser hija mía esta niña tan extraordinaria?!* se manifiesta en cosas que en apariencia son insignificantes: una mirada, un gesto, un comentario maravilloso, lúcido e inocente al mismo tiempo. Así que, si se me pregunta por el momento del que me siento más orgulloso hasta ahora como padre, diré que está relacionado con la Universidad de Oxford y con preparar y tomar una simple taza de café.

Desde que nos vinimos a Inglaterra, Malala siempre ha tenido muy claro que quería estudiar política, filosofía y economía en la Universidad de Oxford. Esa fue también la elección de Benazir Bhutto, la primera mujer que desempeñó el cargo de primer ministro en nuestro país.

Malala ya había tenido contacto con la Universidad de Oxford, famosa en todo el mundo. En su campaña pública había hablado allí tres o cuatro veces desde que nos mudamos a Birmingham, y yo la había acompañado en cada ocasión. Para entonces ya era lo bastante mayor como para cuidarse por sí misma y no hacía falta que yo le planchara el vistoso shalwar kamiz y los velos que su madre había elegido para ella, o limpiarle los zapatos, como había hecho cuando en Pakistán hacíamos campaña por la educación de las niñas.

Me encantaba encargarme de esos llamados quehaceres domésticos para Malala y ahora que se ha independizado por completo los echo de menos. ¿Por qué me gustaba tanto ocuparme de esas tareas? Porque con esos pequeños actos me parecía que podía expresar mi amor y mi apoyo a mi hija y a su género. Era el mismo sentimiento que, cuando nació —mi bendita hija—, me había impulsado a incluir su nombre, el primer nombre de mujer en trescientos años, en nuestro antiguo árbol familiar. Era una forma de mostrar al mundo, de mostrarme a mí mismo, no solo con palabras sino también con actos, que las niñas son iguales que los niños; que importan, que sus necesidades importan, incluso las más pequeñas, como tener un par de zapatos limpios.

Soy consciente de que padres y madres en todo el mundo llevan a cabo esos pequeños actos de servidumbre por sus hijos, niñas y niños, en muchas culturas diferentes, pero, para mí, un hombre de mediana edad de una sociedad patriarcal en Pakistán, fue necesaria una evolución.

Soy de una región en la que durante toda mi vida me han servido mujeres. En mi familia, mi género me hacía especial. Pero yo no quería ser especial por esta razón.

De niño, en Shangla, durante los largos y cálidos días, hombres y muchachos disfrutábamos de refrescos que nos preparaban y servían para que estuviéramos a gusto. Después eran retirados. Ni siquiera teníamos que chasquear los dedos ni hacer una señal con la cabeza. Era una rutina que hundía sus profundas y serpenteantes raíces en cientos de años de patriarcado: inconsciente, no explícito, natural.

Nunca vi que mi padre o mi hermano se acercaran al horno en nuestra sencilla casa de barro. En mi infancia yo tampoco me aproximé al horno. Cocinar no era para mí ni para ningún hombre. De niño aceptaba esto como una verdad incuestionable.

El olor del curry al cocinar siempre me llegaba acompañado de la animada charla de mi madre y mis hermanas, hablando mientras cortaban y troceaban, sabiendo instintivamente que las partes más sabrosas del pollo que estaban preparando, los muslos, la pechuga, no serían para sus labios, sino que me las servirían a mí —su hermano menor, un niño—, a su hermano mayor y a su padre. Después de acalorarse con el horno y el vapor y todo el trabajo, las excelentes cocineras de mi familia tenían que conformarse con las peores partes.

Su afán de servirnos, de hacernos sentir cómodos, también era evidente cuando preparaban el té, que ocupaba incluso más tiempo en el transcurso de nuestros días. En mi opinión, el té que tomamos en Pakistán es el más delicioso del mundo. Nos gusta muy caliente, dulce y lechoso, y ahora que vivo en Inglaterra puedo decir que no se parece en nada al famoso té inglés, que reconozco que soy incapaz de beber.

Como muchas otras cosas de mi antiguo mundo, en Pakistán el té es producto de un ritual. Primero, la tetera debe estar completamente limpia, sin residuos de otros tés anteriores. Además, las hojas deben ser de buena calidad. Entonces la tetera se llena de agua, que se hierve con las hojas del té. Cuando está hirviendo con fuerza se añade la leche y después el azúcar. A continuación vuelve a calentarse. Entonces una mujer coge un cazo y lo llena de líquido, lo levanta del recipiente y lo vuelve a verter en el recipiente a continuación. Sigo sin entender por qué se hace esto, pero las mujeres de mi casa siempre preparaban el té así y quedaba muy caliente, dulce y delicioso. Hay una versión que es aún más fuerte, el *doodh pati,* en la que no se emplea agua, sino que al principio se hierve una cantidad mayor de leche, después se añaden las hojas de té y el azúcar, y a continuación se vuelve a calentar todo hasta que queda como miel líquida.

Los hombres nunca hacíamos este delicioso té; solo lo disfrutábamos. Uno de mis primeros recuerdos es estar sentado en nuestra pequeña salita de estar y ver a mi padre echado en la cama plegable, incorporado sobre almohadones. Mi madre entró en la habitación llevando una bandeja, un recipiente y dos tazas. Mi padre no levantó la vista de lo que estaba leyendo, probablemente un grueso volumen de hadices, una colección de tradiciones que contienen los dichos del Profeta Mahoma (la paz sea con él). Ella acercó una mesa, colocó la bandeja en ella y sirvió el té caliente en una taza. Se la ofreció a él y después sirvió una segunda taza para mí, su querido hijo pequeño. Después, aguardó.

Aguardó hasta que mi padre y yo hubimos bebido todo lo que necesitábamos antes de beber ella misma. A veces mi padre le expresaba su gratitud, pero no siempre.

La calidad del té que te dan se puede juzgar en tres fases, me explicó él. Primero, un hombre debe observar la textura del té cuando se le sirve de la tetera a la taza. Después, debe fijarse en el color del té en la taza. Y, por último, la prueba definitiva es cuando te lo llevas a los labios.

Durante muchos años, todo lo que mi padre, mis tíos y yo teníamos que hacer para saborear un té era coger la taza y acercarla a la boca. Si no hubiera estado como a mi padre le gustaba, este no habría sabido hacerse una taza. Se habría limitado a pedir a mi madre o a mis hermanas que volvieran a la cocina y lo hicieran de nuevo. Esto rara vez ocurría porque mi madre era experta en saber lo que le gustaba a mi padre. Después de todo, su función en la vida era servirle.

Cuando tiene que hablar en público o participar en algún debate, Malala nunca parece nerviosa. Pocas veces se pone nerviosa en algún sitio o se emociona, como me ocurre a mí, excepto cuando está cerca de sus profesores. La he visto dirigirse a los líderes de la Commonwealth con una calma casi sobrenatural; sin embargo, cuando asistía conmigo a las reuniones de profesores y padres de alumnos del Edgbaston High School, donde terminó el bachillerato, siempre se sonrojaba casi imperceptiblemente.

Sus mejillas mostraban ese mismo rubor en agosto de 2017, cuando cuatro de los cinco miembros de nuestra familia visitamos el Lady Margaret Hall en Oxford. Estábamos entusiasmados y emocionados, tras haber recibido la noticia de que Malala había obtenido las notas necesarias para entrar en el LMH y podría ocupar su plaza allí ocho semanas después.

Yo veía que Malala estaba nerviosa. Era la primera vez que Toor Pekai, su hermano Khushal y yo veíamos el Lady Margaret Hall, con su imponente fachada de ladrillo rojo y sus hileras de ventanas de arco. La belleza de la Universidad de Oxford nunca deja de llenarme de admiración. Nada nos había preparado para esto, ni las visitas previas ni el estatus de portavoz del Sindicato de Estudiantes. Esta vez, simplemente, Malala era una alumna y yo su padre.

Dos estudiantes nos mostraron el Lady Margaret Hall en una visita guiada, que Toor Pekai y yo agradecimos: la biblioteca era enorme, con sus altos anaqueles llenos de libros y libros. Ya la mera cantidad era asombrosa. Como maestro, he dedicado dieciocho años de mi vida a aprender a ayudar a los demás a aprender, ¿cómo no me iban a emocionar aquellos libros? Los talibanes habían quemado cientos de colegios con libros y prohibido la educación de las niñas. Me habían amenazado con palabras y casi matan a mi hija con balas, por ser una niña que quería aprender, leer. Pero si pensamos en nuestra vida ahora, esto era el designio de Dios. El hombre propone, y Dios dispone. Malala no solo ha sobrevivido al atentado por defender el derecho a la educación, sino que ha mostrado la fortaleza de recuperarse, sanar y seguir aprendiendo a fin de ser admitida en Oxford. Soy un hombre emotivo. Ver a mi hija a punto de hacer realidad su sueño de estudiar en la universidad fue abrumador. «Pero, Ziauddin —me dije—, contén las lágrimas por ahora».

Después de la visita guiada, el director del colegio nos condujo a una gran sala con techos altos; había tanto espacio y aire para aprender... Sentía que el horizonte se ampliaba dentro de aquellas cuatro paredes. En torno a sillas y sofás había pequeños grupos de personas que charlaban en voz baja. El lema del LMH es *Souvent me Souviens*: Recuerdo a menudo.

Al otro lado de la sala vi al director que se dirigía a la máquina de té. ¿Qué habría dicho mi padre de ese invento? Cogió una taza, echó una bolsita que tomó de un recipiente y colocó la taza bajo la máquina, que la llenó de agua caliente. Tras unos segundos, puso la taza en un platito y echó un poco de leche. Después de mover el té y tirar la bolsita, tomó la taza de té con el plato y cruzó la sala. Éramos muchos los que no teníamos una taza, pero él continuó hasta que llegó a su destino, momento en el que se la entregó a Malala.

Souvent me Souviens. Solo entonces empecé a llorar.

Así que, si me preguntas ahora: «Ziauddin, ¿cuál es el momento del que te sientes más orgulloso hasta la fecha?», te diré que fue cuando el director del Lady Margaret Hall hizo una taza de té a Malala y se la ofreció. Fue un momento completamente normal y natural, por ello tanto más hermoso y poderoso que cualquier audiencia de Malala con un rey o reina o presidente. Demostraba algo que creo desde hace mucho, que cuando luchas por un cambio, ese cambio llega.

Esta taza de té se preparó a la manera occidental, muy distinta de la nuestra. Mi padre se habría negado a beber el té que se le ofreció a Malala. Mi padre lo habría rechazado y una mujer de la familia se lo habría cogido de la mano y lo habría retirado, mortificada por el hecho de que a él no le hubiera complacido. Pero ese momento del té fue aún más dulce por el hecho de que si mi padre hubiera estado con nosotros en aquella gran sala, no habría estado en su mano rechazar esa taza. Esta probablemente habría pasado por su lado hasta llegar a su nieta.

Yo crecí creyendo en las ideas patriarcales de la sociedad. Solo en mis años de juventud empecé a cuestionar todo lo que había dado por sentado. Mi vida ha seguido esta pauta: tender a algo nuevo, hallarlo y aprenderlo desde cero. ¿Qué era aquello que anhelaba mucho antes de que naciera Malala? ¿Y que después quise para ella, y para mi esposa, y para mis alumnas, y para todas las niñas y mujeres de esta maravillosa tierra de Dios? Al principio, no lo expresé como feminismo. Esta es una valiosa denominación que conocí más tarde en Occidente, pero por aquel entonces yo no conocía el feminismo. Durante más de cuarenta años no supe lo que significaba. Cuando me lo explicaron, dije: «¡Entonces he sido feminista durante la mayor parte de mi vida, casi desde el principio!». Mientras vivía en Pakistán me parecía que mis cambiantes ideas se basaban sobre todo en el amor, en la decencia y en la humanidad. Simplemente quería, y sigo queriéndolo, que, en todas partes, las niñas vivan en un mundo que las trate con amor y las reciba con los brazos abiertos. Quería entonces, y quiero ahora, el fin del patriarcado, de un sistema de ideas creado por el hombre, que se alimenta del temor, que embellece la represión y el odio como principios de la religión, y que, en el fondo, es incapaz de comprender la belleza de que todos viviéramos en una sociedad verdaderamente igualitaria.

Eso fue lo que me movió a derramar lágrimas por una simple taza de té: simbolizaba el final de una lucha que yo había librado durante dos décadas para conseguir la igualdad de Malala. Malala ya es adulta, lo bastante mayor, experimentada y valiente como para librar su propia lucha. Pero la lucha por todas las niñas en todo el mundo no ha acabado. Todas las niñas, todas las mujeres merecen el respeto que a los hombres se les confiere de forma automática. A todas las niñas deberían ofrecerles una taza de té en una institución académica —ya sea en Pakistán, en Nigeria, en la India, en Estados Unidos, en el Reino Unido—, tanto por el gesto en sí como por todo lo que simboliza.

El camino hasta experimentar la clase de amor y alegría profundos que siento cuando veo que mi hija ha alcanzado la igualdad no siempre es fácil para quienes hemos sido educados en sociedades patriarcales. Al aprender estas nuevas formas de vida tuve que desprenderme de todo lo que vino antes. La primera persona que se interponía en mi camino era mucho más peligrosa para mí que cualquier antiguo guerrero pashtún armado con un escudo y una daga. Era yo mismo, mi antiguo yo, el viejo Ziauddin que me susurraba al oído: «¿Adónde vas? ¡Date la vuelta! No seas absurdo. Este camino es frío y solitario, y todo lo que necesitas para sentirte a gusto es regresar adonde viniste».

Ha sido todo un periplo, traumático y no exento de sacrificios; casi perdí a la persona por la que empecé a luchar. Pero Malala vive y se está educando. Yo estoy vivo, su madre está viva, sus hermanos están vivos y, de muchas formas distintas, todos nos estamos educando: Malala y sus hermanos con libros; su madre, Toor Pekai, también. Yo espero seguir aprendiendo lecciones de la vida, con todas sus recompensas y decepciones, sus profundas alegrías y sus numerosos desafíos.

He escrito este libro con la esperanza de que un día proporcione apoyo y ánimos a mujeres, niñas, hombres y muchachos que sean lo bastante valerosos como para exigir igualdad, lo mismo que nuestra familia.

Pues solo cuando el director de un colegio de una sociedad otrora patriarcal sirva una taza de té a una joven de la tierra y las montañas como Malala, solo cuando gracias a una educación de calidad llegue ella a ser esa directora, solo entonces habremos cumplido nuestra misión.

Padre

NUESTRA CASA DE OTOÑO

Cuando apenas tenía edad para escribir mi nombre con una pluma hecha de bambú y tinta sacada de una batería de carbono, mi madre se acercó silenciosamente a mi cama una mañana llena de esperanza y decisión: «Ziauddin, ¡despierta!», susurró. En nuestra casa de barro la habitación estaba llena de hermanas que dormían.

Pregunté: «¿*Beybey*?», que es como decimos «mamá».

«Ziauddin, ¡despierta!», repitió. «Nos vamos de viaje». Yo veía que llevaba su grueso *paroonay* gris. «¿Con la escuela Kaka?», le pregunté adormilado sobre mi padre. «¿Con la escuela Kaka?», repetí. «No», dijo, «con la escuela Kaka, no. Tu padre está recitando sus plegarias diarias, como siempre, y va a dar clase en la escuela. Vendrá con nosotros Fazli Hakeem, el primo de tu padre. Vamos a la montaña Shalmano. Debes ser fuerte porque es una larga caminata hasta llegar a la cima, pero merece la pena, porque cuando lleguemos allí, te ayudará a alcanzar tus sueños».

Yo no sabía cuáles eran mis sueños, pero sí sabía que mi madre y mi padre tenían grandes aspiraciones para mí. Y sabía que no las tenían para nadie más. Si *Beybey* y la escuela Kaka pensaban que en lo alto de una montaña había algo, yo quería ir allí.

Cada mañana en Barkana, nuestra aldea en las profundidades de Shangla, al norte de Pakistán, los gallos cantaban junto a nuestra casa y nuestras dos búfalas en los campos a dos kilómetros de distancia se agitaban anticipando la llegada de mi hermano con el cubo de heno. La principal función de mi hermano en la vida era alimentar y engordar a esas criaturas y, en general, ayudar a mi padre y a la familia. Mi hermano parecía muy feliz, ocupándose de esas valiosas hembras y siguiendo el sencillo modo de vida de mi padre: «Cuando un hombre es feliz, su esposa engendra niños y su búfala pare hembras», decía. Esto era particularmente desagradable para mi pobre madre, muy desagradable. En nuestra casita de barro vivíamos nueve personas en dos habitaciones. Más adelante, mi hermano se trasladó con su esposa a una habitación añadida en la parte de atrás. Las búfalas que cuidaba no siempre tenían hembras. Mi padre registraba meticulosamente su descendencia en un cuaderno que guardaba con sus diarios y periódicos en un estante.

Mi madre dio a mi padre siete hijos y solo dos de ellos fueron varones. El primero fue mi hermano, y después llegué yo. Entre él y yo hubo tres hijas, y vendrían dos más. Sus nombres son: Hameeda Bano, Najma Bibi, Bakhti Mahal, Gul Raina y Naseem Akhtar. Las nombro aquí porque durante mi infancia nunca vi sus nombres escritos. Se las llamaba en relación con los hombres: hijas de mi padre, hermanas de Ziauddin y Saeed Ramzan. Nunca se las mencionaba por sí mismas. Y era lo mismo cuando se mencionaba a mi madre: esposa de Rohul Amin, madre de Ziauddin y Saeed Ramzan.

Que en nuestra familia predominaran las mujeres se veía agravado por el hecho de que en la casa de barro vecina hubiera muchos chicos.

Nuestros primos —la familia de mi tío— vivían allí, con su tejado cubierto de barro, lo mismo que el nuestro. Las azoteas de las casas formaban una especie de pequeña zona de juegos, llamada *chum*, donde niños y niñas jugábamos juntos, gritando, saltando a la pata coja y lanzando las canicas. Mis compañeras de juegos eran las preadolescentes de Barkana, despreocupadas y alegres, a las que todavía no se consideraba lo bastante mayores como para provocar vergüenza o transgredir el honor. Esas mismas niñas a veces se ponían los pañuelos de sus madres o de sus hermanas mayores cubriéndose sus naricitas y sus tiernas mejillas, oscureciendo todo menos sus ojos, jugando a imitar a los modelos de roles femeninos que amaban. Al cabo de unos años, cuando mis compañeras de juegos tuvieran doce o trece años, tendrían que llevar el velo todo el tiempo. La necesidad de proteger su honor en la adolescencia las obligaría a bajar de la zona de juegos en las azoteas y las alejaría de las calles donde habían corrido de casa en casa, para vivir en *purdah* entre las cuatro paredes de barro. Antes arriba, ahora abajo, mis antiguas compañeras de juegos —así como mis hermanas pequeñas— podían oír el golpeteo de los pies infantiles en la azotea sobre sus cabezas, un recordatorio de su antigua libertad. El resto de los chicos y yo seguiríamos jugando al cricket. Mientras crecía, las chicas iban desapareciendo de la vista como estrellas brillantes que caían del cielo, y yo nunca lo cuestioné. Estaban bajo mis pies, cocinando y charlando, y en unos pocos años estarían casadas y embarazadas o, si seguían solteras, temerosas de la perspectiva de que las casaran.

Mi madre se preocupaba de que las paredes de barro de nuestra casa estuvieran siempre en buen estado. Una vez al año extendía barro fresco sobre su superficie interna, alisándolas una y otra vez mientras lo hacía, con tanto orgullo y paciencia como si estuviera restaurando las paredes más bellas de la casa más lujosa. Pero la atención de mi madre a las paredes que la confinaban a ella y a mis hermanas no pudo impedir que se filtrara la buena suerte de mi tío. Según iban llegando mis primos, y las mujeres de la aldea se congregaban en torno a mi tía para ofrecerle sus felicitaciones, no dejaba de aumentar la frustración de mi padre por tener tantas hijas. «¿Por qué siempre es primavera en su casa y otoño en la nuestra?», preguntaba.

Los pashtunes somos una raza belicosa. Los hijos significan que un hombre dispone de un ejército. Las peleas, normalmente verbales, y los conflictos eran frecuentes. Si los hombres peleaban con sus hermanos, sus hijos también peleaban y competían. Si los tíos estaban en guerra, los primos iban detrás. Nosotros dos no bastábamos como ejército de mi padre. Mis hermanas no constituían un recurso. Había pocas cosas que pusieran a mi padre de mal humor. La envidia era una de ellas.

«Nunca serás feliz en tu vida —le dijo mi madre en una ocasión mientras todos nos quedábamos mudos de asombro—. Cuando estés en el paraíso dirás: "Oh, el paraíso de al lado es mejor que este"».

Mi padre solía quejarse de la buena suerte de nuestros primos. Años después, cuando ya hube abandonado su casa tanto física como espiritualmente, me dijo: «¿Por qué tiene coche mi sobrino? ¿Por qué no tienen coche mis hijos? ¿Por qué me han fallado mis chicos de esta manera?». Cuando esto ocurrió, en nuestra aldea ya hacía tiempo que había coches y nunca había mostrado envidia de quienes los tenían. Yo —que para entonces ya era mucho mayor— le dije: «Escuela Kaka, alégrate. Nunca tendrás que volver caminando a casa. Cuando tu sobrino te vea en la calzada, estará obligado a parar y a traerte». Yo estaba intentando hacerle ver las ventajas de la buena suerte de su sobrino. Pero aquel era un consuelo pobre. Él no quería que le trajeran en el *coche de su sobrino*.

¡Cómo odiaba yo aquellas envidias! ¡Cómo las odiaba! Y el poder corrosivo que tenían para carcomer el amor y la felicidad. Pero el dolor que me causaban estas envidias feudales no era nada en comparación con la injusticia de las vidas de mis hermanas en comparación con la mía.

Yo ocupaba una posición única en la familia. Desde que era muy pequeño, tanto mi padre como mi madre decían que era un niño diferente, un niño que podría elevarse por encima de nuestro estatus social, que era bastante bajo, unas expectativas que nunca tuvieron respecto a mis hermanas ni respecto a mi hermano mayor. Decían que habían visto en mí una chispa que sugería la posibilidad de una vida mejor, el ascenso a una nueva clase social. La escala para ese ascenso era la educación. Si hubieran buscado esa chispa en mis hermanas, estoy seguro de que la habrían visto. Pero no la buscaron.

Entiendo lo que quieren decir cuando se refieren a esta chispa en un niño, porque yo vi lo mismo en Malala cuando era muy pequeña. Es una característica que singulariza a ese niño, una intensidad, quizá. Como mínimo, es un niño que te permite e incluso te invita a animarle a buscar la grandeza. ¿Por qué tenían esos sueños para mí y no para mi hermano? Posiblemente porque él quería una vida sencilla. Cada noche, mi padre ponía en la mesa tres almendras. «Ziauddin, cómetelas, por favor». Eran para desarrollar mi cerebro. Yo me las comía sin rechistar. Otro privilegio.

Si alguna vez íbamos fuera de Barkana, mi madre señalaba las bonitas casas que, en comparación con nuestra choza de barro, a mí me parecían palacios. «¿Quién vive aquí, *Beybey*?», le preguntaba, mi manita entrelazada con la suya. Yo, un niño que apenas le llegaba a la cintura, era su protector, en vez de ella el mío. Y mi madre decía mientras avanzábamos por la calle: «Ziauddin, aquí viven personas instruidas. Si trabajas duro, tú también podrás vivir aquí». Nosotros no éramos señores feudales, ni una familia de la industria o los negocios. Mis padres comprendían que si quería aspirar a una vida mejor, tendría que ser a través de la educación. No teníamos dinero. No teníamos contactos. No teníamos ningún negocio. La educación era mi única posibilidad.

Al despuntar el día, a mi padre, a mi hermano y a mí se nos daba la nata de la leche. Al anochecer, también eran nuestras las tajadas más jugosas del pollo. A mi madre le gustaba preparar a mi padre su tortilla favorita, condimentándola con trocitos de pepino y tomates de las huertas. Mezclaba los huevos con la nata de la leche. Cuando comíamos, mi madre y mis hermanas no se sentaban con nosotros. Ellas comían en otra habitación. Los zapatos de mis hermanas estaban remendados, deshilachados y muchas veces rotos, pero los míos eran nuevos, con fuertes tiras de cuero que se sujetaban con firmeza a mis pies.

Solo una vez oí quejarse a una hermana. Najma Bibi, una de mis hermanas mayores, dijo a mi madre: «Si tienes tanto cariño a los niños, ¿por qué nos tuviste a nosotras?». A lo que mi madre respondió: «Era algo que no estaba en mi mano. No pude evitarlo». Mi madre parecía enfadada y también vi una especie de desconcierto en el rostro de mi hermana.

Mi padre era un maulana (erudito religioso) de nuestra aldea y dirigía las plegarias cinco veces al día en la mezquita baja de Barkana, también de barro, al contrario que la más grande y alta, a la que yo me acercaría más adelante. También era maestro de niños en una aldea próxima.

El estatus relativamente bajo de ser clérigo contribuía a su genio a veces impredecible y a su ansiedad sobre el dinero. Mientras que su rol religioso claramente definido le situaba fuera del sistema de castas y le reportaba cierto respeto, también conllevaba un estigma: la certeza no explícita pero reconocida de que mi padre necesitaba el trabajo porque necesitaba el dinero.

Los maulanas reciben un estipendio de la comunidad a la que sirven por la función que desempeñan. Mi padre no necesitaba ser un maulana, aunque estaba cualificado para serlo. Ya era maestro de teología en una escuela pública, pero dirigía las plegarias para aumentar sus ingresos.

El miedo al genio de mi padre luchaba con el profundo amor que sentía por él. Gritaba por cosas sin importancia, como cuando se perdía algún pollo o se derramaba algo de grano, y esos estallidos eran impredecibles. Pero nunca dudé de que mi padre me amaba. Me amaba mucho, eso sí lo sabía. Me cogía en su regazo y me acunaba con dulzura. Cuando yo era pequeño, aún tenía el pelo negro, pero tanto el pelo como la barba se fueron moteando de blanco con los años, insinuando la posterior blancura que formaría mi recuerdo de él: mi padre el maulana, el maestro, el orador, con su larga túnica blanca, con el pelo blanco y la barba blanca, el solideo blanco o el turbante blanco para la oración del viernes. Me dio mucho de su tiempo y su energía. Siempre estaba leyéndome y tratando de enriquecer mi mente. Fue él quien me imbuyó del amor al estudio que me ha acompañado toda mi vida.

Mi padre era elocuente y apasionado, así que cuando predicaba, los asistentes empezaron a grabarle para poder escucharle en sus casas.

Once años después de la muerte de mi padre, amo y respeto su alma ausente con tanta intensidad como cuando estaba en su regazo o le escuchaba leerme a Iqbal y a Saadi, a su hijo querido, el centro de todos sus sueños y esperanzas patriarcales. Mi amor por él es incondicional. Lo mismo que yo hice un largo viaje con mi madre a la cima de una montaña, décadas después, mi padre también emprendería un periplo que comenzó con el nacimiento de Malala y que, en el momento de su muerte, le había acercado mucho más a mí, a todos nosotros.

«DESHAZ EL NUDO DE MI LENGUA»

Había una razón por la que fui yo quien acompañó a mi madre y a Fazli Hakeem a lo alto de la montaña, y no mis hermanas. Por una vez en nuestra vida, no tenía nada que ver con el patriarcado que gobernaba nuestra casa. Mis hermanas tenían una gran ventaja sobre mi hermano y sobre mí. Aunque sufrieran el menoscabo de mi padre en todos los sentidos, la naturaleza lo compensaba. Mis cinco hermanas hablaban fluidamente mientras que mi hermano y yo habíamos empezado a tartamudear a los cuatro años. No sé si a mi hermano le animaron a superar este impedimento del habla. En mi caso, para mis padres era muy importante que dominara esta imperfección. ¿Cómo iba a ser un doctor adinerado si las palabras se me atascaban en la boca y se negaban a brotar de mi lengua?

Se supone que el tartamudeo es en parte genético y en parte psicológico. Los chicos lo desarrollan con más frecuencia que las chicas. En nuestro caso, tartamudeaban dos tíos por parte de padre y de madre. Quizá mis hermanas se libraron de ese impedimento del habla porque eran chicas. Quizá fue la naturaleza la que nos lo dio a mi hermano y a mí. Pero también es cierto que había un entorno que favorecía nuestro tartamudeo. Nuestro padre estaba pendiente de nosotros, de lo que decíamos, y por tanto, también, de lo que no podíamos decir. Éramos chicos y todos los ojos estaban puestos en nosotros. Nadie estaba pendiente de las chicas, con sus lenguas perfectas. Nuestro tartamudeo se podía considerar el único golpe contra el patriarcado en nuestra casa.

El genio impredecible de mi padre no contribuía a mejorar mi tartamudeo. Yo estaba desesperado por impresionarle, por que estuviera orgulloso de mí, pero no era un niño relajado en su presencia.

Con todo, cuando me quedaba atascado, atragantándome y tartamudeando, nunca dijo: «Ya está bien, Ziauddin» o «Suéltalo de una vez». No me culpaba. No era cruel. Tenía un corazón bondadoso. Quizá por eso intentó que me ayudara un santo.

Mi madre, Fazli Hakeem y yo partimos en autobús desde Barkana. Mi madre me dijo que íbamos a Mian Kaley, una pequeña aldea en lo alto de las montañas, para ver al santo que vivía allí. «Te curará el tartamudeo», dijo mi madre en voz baja. En su juventud, aquel santo había sido muy activo en las comunidades, ayudando a construir mezquitas y pasos en las montañas. En esas ocasiones, él daba las bendiciones y siempre había otros hombres tocando los tambores para animar a los trabajadores.

A Mian Kaley no se podía llegar en autobús, por lo que después de una hora de viaje, en la que me mareé horriblemente, nos bajamos del autobús y empezamos a subir la montaña de Shalmano. Los rayos del sol ya caían inmisericordes sobre nosotros y mientras girábamos y serpenteábamos entre las plantas de hoja perenne y árboles de tronco más robusto que los que había en la zona donde vivíamos, en seguida me desanimé y quise parar. Fazli Hakeem me subió a hombros y puso mis manos a ambos lados de su cara, con las puntas de los dedos bajo su barbilla. Agotado por el madrugón, el traumático viaje en autobús y el calor del sol, me quedaba adormilado todo el rato, cayendo hacia delante cada vez, de forma que Fazli Hakeem se veía obligado a recolocarme para no tropezar. «¡Ziauddin! ¡Ziauddin! Despierta. Háblame. Cuéntame algo».

Cuando llegamos arriba, mi madre se abrió camino hasta la casa de barro del santo y a medida que nos acercábamos percibíamos cada vez más el penetrante olor a cordero y arroz que ofrecía a los visitantes y a los pobres. El Hombre Sagrado, conocido como *Peer Sahib* o *Lewano Peer*, era muy generoso, eso sí lo sabía. Y también sabía que si acudías a él y rezaba por ti, tus plegarias y tus deseos serían atendidos por Dios.

Después de nuestra comida de arroz y cordero, a mi madre y a mí nos llevaron a verle a otra estancia. Había habitaciones para las mujeres y habitaciones para los hombres, y pude ver que este santo tenía al menos tres o cuatro esposas.

Estaba sentado delante de mí. Yo nunca había visto un hombre tan mayor y tan peludo. Tenía el pelo largo y blanco, pero había más pelo blanco que daba la impresión de que surgía de otros lugares, en especial de sus oídos. Este inquietante pelo blanco era tan largo que, a mis ojos infantiles, fluía de sus lóbulos como una cascada. También estaba ciego y parecía que sus finos y largos dedos tanteaban a su alrededor sin mucha precisión. «Ziauddin, los ojos de su corazón están abiertos», me susurró mi madre.

Mi madre debía de haber explicado ya mi problema a él o a algún ayudante. Él murmuró unas palabras del Sagrado Corán y después sopló hacia mí. Entonces se sacó del bolsillo una bola de *gurr*, una especie de azúcar endurecido que utilizamos en Pakistán. En vez de dársela a mi madre, como yo había esperado, se la metió en la boca. La chupó durante unos segundos, se puso la mano bajo su pilosa boca y la escupió. Me horrorizó ver que ofrecía esa bola húmeda y escurridiza a mi madre. Ella arrancó un poquito y me lo dio. A pesar del milagro que se suponía que iba a obrar, a mí aquella cosa pegajosa me daba asco; no obstante, me la metí en la boca, la mastiqué y me la tragué. Nos trajimos la bola a casa y cada noche repetíamos la rutina. Incluso cuando se endureció, yo la veía siempre cubierta de saliva del santo.

Me gustaría poder decir que este santo me curó, pero mi tartamudeo fue a peor. En el colegio, me sentía como si fuera una maldición. Dado que mis hermanas y otras chicas no tenían acceso a la educación, parece ingrato quejarse del sufrimiento que me causó mi tartamudeo en mis primeros años de colegio, pero fui objeto de bromas crueles. Los niños me hacían burla.

Otras dos cosas empeoraban la maldición del tartamudeo. La primera era que no éramos ricos y la segunda que mi padre era un maulana. Pakistán es un país con sistema de castas y hace cuarenta años los maestros favorecían abiertamente a los muchachos ricos, en particular a los hijos de los señores tribales. Esto me entristecía. Yo era un muchacho listo que se esforzaba. Necesitaba mis estudios.

Los niños se burlaban de la posición de mi padre, así que para mí también empezó a ser algo molesto. A través de la oración mi padre proporcionaba un servicio a la comunidad, pero él quería más para mí. Podría haber dicho: «Ziauddin, tú serás maulana, como yo, y solo irás a un seminario para tu instrucción islámica». Pero no lo hizo. Mi padre era un intelectual que se había educado más allá de Shangla, en Karachi y Delhi, había

dependido de la bondad y la caridad de las comunidades locales
e ido de un sitio a otro pidiendo comida con un cuenco, como
hicieron en su tiempo todos los estudiosos islámicos. Quería
para mí una educación moderna, lo que no era habitual y por lo
que siempre le estaré agradecido. Pero este gran sueño para mí
se centraba en un único objetivo: que yo fuera un médico bien
pagado, que trajera salud y estatus a nuestra familia. Era otro
aspecto de nuestro sistema social.

«El mundo es un libro abierto, Ziauddin. Está ahí para que lo
leamos», solía decir.

El mensaje estaba claro: si aspiras a hacer realidad esos grandes sueños, tienes que formarte. Ser médico era la cumbre.

El único problema era que yo no valía para médico.

Cuando oía el *azaan* (la llamada a la oración) durante el día, pre-
fería ir corriendo a la mezquita alta de la aldea, rodeada de árboles, con el zumbido de los insectos, que entraban y salían de sus
muros, y una fuente que discurría por su centro, mejor que a la
mezquita baja, que se encontraba en el otro extremo de la aldea,
cerca del bazar, donde mi padre ocupaba un lugar destacado. Entonces no había altavoces que llevaran la llamada por todas las
azoteas, como ocurre hoy. En mi infancia, los hombres gritaban
el *azaan* desde una roca elevada o desde una pradera.

Aunque yo tenía un impedimento del habla, estaba decidido
a ser un orador como mi padre. Quizá fue esta la chispa, la fortaleza de carácter, lo que mis padres habían visto. Es cierto que,
ante mi debilidad, me mostraba desafiante, lo mismo que cuando veía a los chicos ricos y el trato especial que recibían de los

maestros. Si tengo que resumir en una frase el legado más importante de mi padre, es este: me ayudó a convertir mi debilidad en fortaleza.

A medida que iba superando cursos en la escuela, se puso de manifiesto que yo era uno de los buenos alumnos. Los maestros no podían ignorarlo. Los muchachos ricos disfrutaban de consideración por su apellido. Yo me gané la mía a base de esfuerzo. Pero seguía siendo hijo de mi padre y tartamudo.

Después de las almendras pasé un tiempo comiendo uvas pasas, que mi madre ponía en leche cada noche. Por la mañana, las pasas estaban hinchadas y jugosas, y suculentas.

Cuando ya tenía trece años y estudiaba en el instituto de la aldea próxima donde mi padre enseñaba, las palabras seguían negándose a fluir de mi boca. Pero anuncié a mi padre que quería participar en un concurso de oratoria.

Aunque al principio se quedó atónito y para mí era evidente que no le gustaba en absoluto la idea de que yo subiera al estrado, mi padre hizo algo muy importante: no me lo prohibió. Muy al contrario. Con su propio cambio de actitud empezó a alentarme. Creía en mí y, gracias a su apoyo, me sentía más fuerte. En Pakistán la vida escolar está llena de concursos de oratoria y recitación. Mi padre accedió a escribirme un discurso.

Yo practicaba solo, horas y horas, y entonces mi tartamudeo desaparecía misteriosamente. Pero cuando practicaba en presencia de mi padre, volvía.

Mi padre se mostró muy paciente. En casa perdía los nervios por pequeñeces, pero en el mundo exterior era mi protector. Se ponía de mi lado y me apoyaba.

Para ayudarme a vocalizar me enseñó una oración famosa del Sagrado Corán que es la del Profeta Moisés (la paz sea con él), que también tartamudeaba, según nuestro libro sagrado: «¡Señor! Ensancha mi pecho [con seguridad] y facilita mi misión y deshaz el nudo de mi lengua para que entiendan mis palabras" (Ta Ha 25-28).

Todavía hoy, con mi tartamudeo casi controlado, recito esas líneas cuando me dispongo a hablar.

Pronuncié mi primer discurso perfectamente en urdu, la lengua nacional de nuestro país. No sé qué ocurrió, pero fue de lo más estimulante. Después, mi profesor de matemáticas, Ahmed Khan, se acercó a mí y me dijo: «Shaheen, tú propagas el fuego». *Shaheen* significa «halcón» y durante un tiempo mi padre me dijo que firmara con ese nombre. Este éxito me acercó a mi padre. Dio alas a sus sueños para mí y a mí me dio confianza. Empecé a verme a mí mismo de otra forma, no como un chico feo de piel oscura y nariz grande, que además tartamudeaba, sino como uno que había resultado vencedor en un debate y que podía superar una debilidad. Creo que la confianza genera más confianza.

En toda la región se organizaban concursos, a los que íbamos juntos en autobús. En una ocasión, llegué con un aspecto lamentable. En el largo viaje por carreteras llenas de baches había vuelto a marearme terriblemente. Estaba pálido y tenía la cara cubierta de sudor. En el autobús también iban otros concursantes y vi que uno de los acompañantes de un chico me miraba con una especie de risa irónica: «¿Tú? ¿Vas a pronunciar tú un discurso?». Yo asentí. «No, no creo», me dijo riéndose. Me daba cuenta de que no me tomaba en serio. Nadie creía que aquel muchacho enfermizo pudiera permanecer de pie en el escenario. Pero al día siguiente no solo vencí al chico del autobús, sino a todo el distrito. En aquella lengua balbuceante había un gran orador. Mi éxito era la mejor respuesta a la burla del acompañante. Yo llamo a eso venganza positiva. Es un principio que subyace a toda mi vida. Es una forma de corregir injusticias sin odio.

Me gustaría poder decir que mi elocuencia pública me curó el tartamudeo. No fue así. Pasaron muchos años hasta que mejoró en la vida cotidiana. Casi fue algo accidental, cuando me marché de Shangla para ir a Swat a estudiar ciencia e inglés. Aún no me lo he quitado del todo, pero a medida que me hacía mayor y cada vez era más apreciado, la confianza en mí mismo aumentaba y estaba dispuesto a aceptar que el tartamudeo era parte de mí. Conocí a un médico muy bueno, un fisioterapeuta —yo nunca llegué a ser médico—, que me habló de Demóstenes, el orador griego que se ponía piedrecitas bajo la lengua para curarse el tartamudeo. Demóstenes paseaba por la playa declamando en voz alta de forma que se le oyera sobre el ruido de las olas. Yo también recurrí a las piedrecitas y las movía por la boca para hacer nuevos ejercicios. Pero otra parte de mi autoayuda era elegir palabras distintas de las que sabía que me daban problemas, así que si tenía que elegir entre «luna» y «sol», elegía «sol». Si sabía que me iba a atascar con «mujer», instintivamente elegía «señora». Esto era un obstáculo para mi fluidez y a veces me parecía que no disponía de las mejores palabras, pero podía expresar mis opiniones. Era una ecuación: palabra pequeña, más fluidez; palabra más contundente, menos fluidez. Me sigue ocurriendo hoy en día.

La primera vez que me pidieron que leyera un ensayo ante la clase en la universidad y me encontré que otra vez se me trababa la lengua, mi profesor dijo: «Ziauddin, ¿por qué no dejas que lo lea alguien por ti?».

«Lo voy a leer yo mismo. Si no me permite leerlo, está quitándome una parte de mí», le dije. Mi profesor estaba abochornado. Le horrorizaba su equivocación. «Tienes razón. Adelante», dijo.

Leí mi trabajo. Era incapaz de cambiar las palabras y leía lentamente y sin fluidez, pero recuerdo que pensaba: «Soy yo. Este es quien soy yo».

Años después, mi habla se convertiría en mi arma contra los talibanes. Puede que no hablara con fluidez, pero decía la verdad. Durante los años en que los talibanes invadieron nuestro valle y nos robaron nuestra vida, encontré mucha fluidez verbal y mucha retórica, pero aquellos discursos fáciles y bien engranados que hacían los comandantes por la radio y en nuestras plazas se sustentaban en mentiras. Mi voz quizá avanzara a trompicones, pero no permanecía en silencio y decía la verdad sobre el propósito de los talibanes de que viviéramos en un país de oscuridad.

EL LEGADO DE MI *BEYBEY*

Mi padre me imbuyó del amor a la educación y de la pasión por el rezo, pero era en mi madre en quien anidaba una bondad incondicional. En el islam, un hombre se acercó al Profeta Mahoma (la paz sea con él) y le dijo: «¡Oh, Mensajero de Dios! ¿Qué persona es la más merecedora de mi buena compañía?». El Profeta (la paz sea con él) respondió: «Tu madre».

El hombre continuó: «Y después, ¿quién?». El Profeta (la paz sea con él) dijo: «Después, tu madre». El hombre volvió a preguntar: «Y después, ¿quién?». El Profeta (la paz sea con él) dijo: «Después, tu madre». El hombre volvió a preguntar: «Y después, ¿quién?». El Profeta (la paz sea con él) dijo: «Después, tu padre».

Estas tres menciones a la «madre» me recuerdan que cuando publiqué mi primera colección de poesía pashtún en 2000, se la dediqué a tres mujeres, que fueron madres para mí de distintas maneras: mi primera madre, mi madre real; mi segunda madre, que se casó con mi padre después de que mi madre muriera; y después mi tercera «madre», una bondadosa mujer que me trató como a un hijo mientras me alojé en su casa en mis años de estudiante.

Mi madre biológica se llamaba Shahrukh, cuyo diminutivo es Sharo, y yo la quería con toda mi alma, y sigo queriéndola, aunque esté en el otro mundo. Se preocupaba mucho de mí. Era cariñosa con todos sus hijos, pero conmigo especialmente porque cuando yo era muy pequeño mi hermano mayor se casó y desde entonces fue su esposa la que se ocupó de él.

Se podría decir que yo era el favorito de mi madre. Siempre estaba contando historias sobre otras personas del vecindario: sobre su fortaleza, aunque eran pobres, que trabajaban duro y también de sus luchas en tiempos difíciles. Y cómo a pesar de sus infortunios y tribulaciones terminaron sus estudios y consiguieron muchas cosas en su vida: tener buenos trabajos y, cuando tuvieron suerte, ganar mucho dinero. Se podría decir que mi madre, como mujer, me dio algo hermoso. Ella no había estudiado, pero se daba cuenta del valor de la educación. Sabía que la única forma de que yo pudiera vivir en una casa mejor y disfrutar de una vida que ella no tenía era mediante la educación y un buen trabajo. Las normas sociales implicaban que ella no podía transmitir este conocimiento a sus hijas, pero sí podía transmitírmelo a mí, de forma que yo, a mi vez, pudiera hacérselo llegar a Malala.

Mi madre era hermosa, con una tez pálida, bastante más clara que la mía. Pero su salud era endeble. Cuando íbamos al médico, este escribía: «Madre de Ziauddin» o «Esposa de Rohul Amin». A veces él venía a visitarla a nuestra casa, y yo solía sostener su maletín y le entregaba el estetoscopio y el termómetro. Me parecía que, a mi manera, estaba ayudando a mi madre, pero estaba muy lejos de lo que ella hacía por mí.

Cuando a los dieciséis años me encontraba en el último año del instituto al que iba en la aldea cercana en la que mi padre enseñaba, al aproximarse los exámenes me mudé a una pequeña habitación para invitados en la parte delantera de nuestra casa. Me quedaba estudiando allí hasta muy tarde, tumbado en la cama y rodeado de libros, con una lámpara de queroseno a mi lado. Cada pocas horas veía pasar una sombra espectral por la ventana. Era como un espejismo y yo pensaba: «¿Es Beybey o algún espíritu?».

Una noche me despertó. Hablaba muy rápido. La lámpara se había volcado sobre mi almohadón y la llama casi prende fuego a la cama.

Ojalá hubiera podido salvarla de la misma manera. El 5 de mayo de 1985 mi madre murió. Yo tenía dieciséis años. Estaba sentado en el exterior de nuestra casa, en un pequeño porche con mi hermana y mi madre. Era una época estresante debido a mis exámenes, especialmente porque sabía que no tendría las notas necesarias para estudiar medicina.

Una de mis hermanas mayores había venido a visitarnos y dormía en la misma habitación que mi madre. Yo no me había dado cuenta del significado de esto, pero ahora lo veo. Como se hacía tarde, cogí a mi madre en brazos. Era muy frágil, muy ligera, y no podía andar. La llevé dentro mientras ella se reía y bromeaba: «¡Ziauddin, bájame! ¿Qué haces? ¿Adónde me llevas?». La acosté en la casita pequeña y yo también me fui a la cama con mis libros y mi lámpara. A la mañana siguiente, oí a llorar y lamentarse: «Ay, *Beybey* mía ay, *Bey, Bey-bey* mía». La aflicción parecía estar por todas partes. Fui corriendo a la habitación principal de la casa y vi que mi madre yacía en la cama igual que la había dejado, pero ahora estaba muerta. Nadie esperaba que mi madre muriera. Ese mismo día mis hermanas lavaron el cuerpo de mi madre y la enterramos. Solo faltaba una de mis hermanas, que estaba en Karachi. Llegó en autobús tres días más tarde, después de un largo viaje. La noticia del funeral de mi madre fue anunciada en toda la aldea por los hombres que llamaban al *azaan*, para que todo el mundo pudiera asistir. Yo apenas podía creer que se estuviera anunciando el funeral de la persona a la que más quería en el mundo.

Mi padre se quedó muy afectado, pero al cabo de unos meses estaba pensando en volver a casarse. La sustitución rápida de las esposas perdidas es tan normal en nuestra sociedad que ni siquiera se me ocurrió cuestionarlo. En nuestra sociedad los hombres no viven solos. Yo entendía que mi padre *necesitaba* a una mujer que se encargara de todas las tareas básicas que le mantenían vivo. Mi hermano se puso a buscarle una nueva esposa entre las mujeres disponibles que vivían cerca. No buscaba belleza ni buenas conexiones familiares, sino una mujer que pudiera servirle de la misma forma que mi madre lo había hecho: lavándole la ropa, cocinando para él y ocupándose de sus hijos. Ser esposa era un rol sin el cual un hogar no podía sobrevivir.

A pesar de mi dolor, no pensé «mi madre nos ha dejado y ahora mi padre se quiere volver a casar», sino «necesita una compañera para sobrevivir. Tendré una segunda madre».

Se llegó a un acuerdo. Mi padre se casaría con una viuda de mediana edad. Pronto ella ocuparía todos los lugares y roles en la vida de nuestra familia que habían sido de mi madre. Yo echaba mucho de menos a mi madre, pero no quería elogiarla ni recordarla delante de mi segunda madre para no ofenderla. Antes del matrimonio, alguien de la aldea dijo a mi padre: «Vas a casarte con otra mujer, pero debes tener en mente una cosa: no alabes a tu antigua esposa, a tu esposa anterior, delante de tu nueva esposa. No hay nada comparable a los celos entre las dos esposas de un hombre. ¡Ni siquiera entre primos son los celos así de fuertes! Son los peores celos del mundo».

Cuando celebrábamos nuestras dos fiestas del Eid —el Pequeño Eid y el Gran Eid—, iba al cementerio a visitar la tumba de mi madre y nunca se lo decía a mi nueva madre. Era un ser vivo con sentimientos, ¿por qué ofenderla? Si ser consciente de mi pérdida la hería, y hablarle de ello no me iba a ayudar en nada, no tenía sentido hacerlo.

Mi segunda madre todavía vive. Cuando los talibanes dispararon a Malala en octubre de 2012, vino a nuestra casa en Mingora. Sus plegarias eran las que Toor Pekai más deseaba «porque Dios es respetuoso con los ancianos, con los de cabello cano».

Desde el principio, mi segunda madre dijo de Malala: «Ojalá seas la Benazir Bhutto de tu tiempo, pero que tu vida sea larga».

Con los años, las desiguales vidas de mis hermanas y de mi madre tuvieron un gran impacto sobre mí. Pero recuerdo que ya a los diez años me empezaba a gustar servir a las mujeres de la aldea. Yo era demasiado pequeño para que aquello fuera una especie de protesta, pero sí me acuerdo de la satisfacción que suponía para mí poder ayudarlas. Aquellas mujeres eran madres analfabetas cuyos hijos estaban trabajando fuera, en los estados del Golfo. Cuando los hijos les mandaban cartas, muchas veces la persona que más les echaba de menos no podía leerlas y disfrutar con sus noticias. No sé cómo llegué a comprender esto a tan temprana edad, pero empecé a leer a las madres las cartas de sus hijos y, después, servía de escribiente y ponía los pensamientos y sentimientos de aquellas mujeres fielmente sobre el papel, para que pudieran comunicarse con los hijos a los que tanto querían y echaban de menos, igual que mi madre me quería a mí.

En Barkana fue la suerte de mi prima lo que contribuyó de forma decisiva a mi cambio. Me mostró que la desigualdad también puede entrañar una violencia brutal. Llamaré a mi prima Noor Bibi para proteger su identidad, pero este no es su verdadero nombre. Tiene cuatro años más que yo y lleva una nueva vida en otra región de Pakistán. Aún seguimos en contacto. Como yo, perdió a su madre, pero su pérdida ocurrió cuando tenía dos años y medio, por lo que no guardaba recuerdos de ella. Su padre encontró una nueva esposa, pero esta no era afectuosa ni buena, por lo que mi prima pensaba muchas veces en cómo habría sido todo si su madre no hubiera muerto. A los catorce años la casaron con un hombre de una familia de estatus más alto. Se consideraba un buen partido, pero aquel hombre era inestable emocionalmente. En la noche de bodas fue brutal con ella, y siguió comportándose así. Mi prima era un mar de lágrimas. Años después, seguía igual. «Ziauddin, ¿qué voy a hacer? ¿Qué voy a hacer?». Cuando mi madre murió, yo ya era un chico muy romántico. Debido a la poesía que leía estaba lleno de ideas sobre el amor puro y eterno, el que de repente se apodera de ti y te lleva a las nubes.

Mi reacción a la terrible realidad de mi prima se produjo en este contexto de elevados ideales sobre el amor. Yo detestaba su angustia. No soportaba la profunda injusticia de su vida. El matrimonio, aunque fuera concertado por las familias, para mí seguía significando una vida con cariño. Yo aspiraba a una unión por amor, pero el matrimonio de mi prima se basaba en el desprecio y la infelicidad. Cuando yo tenía dieciséis años, mi prima ya tenía veinte. Había aguantado unos meses de matrimonio como esposa adolescente, pero había huido a la casa de su padre. Cuando él murió, ella se fue a vivir con uno de sus hermanos. El patriarcado obliga a las mujeres a ser una carga y eso fue lo que ocurrió con mi prima. Fue de su padre a su marido, y después a su hermano, pues no tenía medios para mantenerse o vivir independientemente.

Entonces comenzó un proceso que duró años para librar a mi prima del matrimonio que se había concertado para ella. Su hermano presentó una petición de divorcio en los tribunales, pero la familia del marido ejerció una fuerte presión social. La vergüenza del fracaso matrimonial era muy profunda y mi prima lloraba todo el tiempo. Nos hicimos buenos amigos, pues no había nadie más para ayudarla. Su lucha contribuyó a mi cambio.

Sin ningún apoyo formal, ella recitaba versos a Dios a medianoche, elevando sus manos hacia él y suplicando literalmente misericordia y salvación. Yo me daba cuenta de que nuestra sociedad no estaba construida para protegerla, que las instituciones encargadas de salvaguardar la ley no estaban interesadas.

En su desesperación, mi prima también empezó a visitar a supuestos milagreros, embaucadores y estafadores que la engatusaban prometiéndole que su suerte iba a cambiar.

«Ziauddin —me dijo una tarde—, por favor, ven a la tumba conmigo». Incluso en mi adolescencia, el cementerio me resultaba un lugar temible, pero a mi prima le habían dado un amuleto y le habían dicho que lo enterrara en la tumba más antigua que pudiera encontrar. Su poder metafísico revertiría su suerte. Estaba dispuesta a todo, pero tenía esperanza, así que accedí. Fuimos a mediodía. Mi prima recorrió el cementerio casi como una loca. Cuando encontró una tumba antigua, empezó a escarbar con las manos, cantando y rezando.

Dos años después, le disparó un asesino desconocido armado con un kaláshnikov. La llevaron al hospital con una bala de cuatro centímetros en la pierna y permaneció allí cuatro meses y medio antes de que le dieran el alta. Todavía hoy cojea. Yo tenía dieciocho años y ya no vivía en la casa de mi padre en Barkana cuando empecé a visitarla en el hospital. Por aquel entonces estaba leyendo cosas nuevas y conociendo a más gente, y a medida que mis ideas sobre la vida empezaban a alejarse de la comunidad en la que había crecido, juré que si tenía una hija nunca permitiría que tuviera que soportar la vida que habían impuesto a mi prima. Pasaron ocho años más, después de que le dispararan y pasara por otros dos matrimonios fallidos, hasta que por fin encontró la felicidad en su cuarto matrimonio.

Cuando pienso en lo que Malala ha conseguido, también pienso en las mujeres de mi vida a las que he querido, mujeres como mi prima y mis hermanas, a las que no pude proteger de la crueldad y la injusticia de la sociedad. Fue necesario que presenciara todos los atropellos que sufrieron en sus vidas para que jurara que mi familia seguiría otro camino. Esas mujeres, las tías y primas segundas de Malala y sus abuelas, se pasaron la vida soñando los sueños de otras personas y obedeciendo deseos ajenos. Pienso en todo el poder que llevaban en su interior. Pero ese poder quedó inexplorado, sin descubrir, subestimado. Nadie quería creer en él.

Cuando las historias y las vidas de las personas que nos rodean son así, provocan un cambio en nosotros. Yo empecé a replantearme las ideas culturales de mi padre y de su padre y de todos los padres de Pakistán antes que ellos.

UN CANTO DE LIBERACIÓN

Yo era un chico muy obediente. Si mi padre se enojaba porque los primos eran más ricos o reprendía a mi madre por alguna pequeñez, yo nunca protesté ni le contradije abiertamente. En mi país, el hijo obedece a su padre, diga lo que diga. Pero cuando, a los dieciséis años, poco después de la muerte de mi madre, salieron las notas de mis exámenes, era evidente que yo no iba a cumplir el sueño de mi padre de ser médico. Entonces él dejó de interesarse por mi educación.

Yo había conseguido una plaza en el Jehanzeb College, el mejor de Swat, pero mi padre solo estaba dispuesto a pagar parte de mis gastos. El Jehanzeb estaba a muchos kilómetros de distancia, en Saidu Sharif, la principal ciudad de Swat, junto con Mingora. Aunque la matrícula era gratuita, era imposible estudiar allí sin mudarse de Barkana. No teníamos familia cerca del *college*, así que ¿dónde iba a vivir? Mi padre había recibido su educación religiosa superior de *talib* tradicional viviendo en mezquitas, y la comida y la ropa se las proporcionaba gratuitamente la comunidad. No comprendía por qué tenía que pagar por esas cosas, especialmente cuando no parecía haber muchas posibilidades de que yo llegase a ser médico. Quería marcharme de Shangla, a pesar de su belleza, para llevar una vida más plena, para aprender por el gusto de aprender.

Pero para mi padre eso era un despilfarro de dinero. Él había apoyado a Ziauddin el Halcón con fuertes alas, pero yo no iba a volar en la dirección que él quería. Recuerdo que vagaba por las montañas, con lágrimas en las mejillas. Me parecía que mi futuro no ofrecía ninguna esperanza. Me sentía perdido. Me veía cuidando búfalos y enseñando lo más básico a los niños que vivían en las montañas.

Cuando todo parecía perdido, ocurrió un milagro. Había empezado a ayudar en la escuela de Sewoor, la aldea de la montaña en la que enseñaba mi hermano. Se la consideraba una escuela de poco prestigio porque estaba a hora y media de ascenso en la montaña desde Barkana y estaba llena de hijos de campesinos. A los maestros no les gustaba trabajar allí y la mayoría tenían poco respeto por los alumnos, cuyas familias vivían en la pobreza. «Que sean analfabetos», decía mucha gente. Pero mi hermano sí quería enseñarles y yo empecé a colaborar. La escuela ni siquiera tenía un edificio; utilizaban la mezquita. Una de mis hermanas se había casado con un hombre de esta aldea, y mientras yo estaba dando clase recibieron la visita de un pariente del esposo de mi hermana. Se llamaba Nasir Pacha y vivía con su esposa, Bakht Mina Jajai, en una aldea llamada Spal Bandai, muy próxima al Jehanzeb College. Nasir Pacha estaba impresionado por el hecho de que enseñara en la escuela de la montaña. Yo ya había perdido la esperanza de ir al Jehanzeb y aunque le había dicho que me habían ofrecido una plaza, no mencioné que necesitaba ayuda para poder estudiar allí. Con gran asombro por mi parte, me dijo: «Vente a vivir con nosotros». Cuando el autobús me llevaba desde Barkana hacia esa hermosa aldea, me parecía que se abrían nuevas perspectivas en mi vida. Realmente era una bendición divina porque significaba libertad. Era libertad de pensamiento, libertad para llevar mi propia vida. Mi época de estudiante no fue fácil, porque era pobre, pero intelectualmente era rico y no tardé en ser conocido como un elocuente portavoz y defensor de los estudiantes. En aquellos años sobreviví con pequeñas cantidades de dinero que iba consiguiendo, en alguna ocasión de mi padre, a veces de mi hermano. No estaba resentido por la falta de apoyo económico de mi padre. Alguna vez lloré de frustración, pero aceptaba las circunstancias porque sabía que mi padre, con su visión de las cosas, no podía ayudarme.

Mi padre tenía ideales muy elevados. Hablaba todo el tiempo de Gandhi y de Iqbal, pero cuando fui a la universidad empecé a darme cuenta de que sus nobles declaraciones no siempre coincidían con los actos de su vida cotidiana. Supongo que cuando me marché y mis ideas empezaron a reformarse, me percaté de sus defectos. Todos tenemos defectos, pero cuando te das cuenta de esto en el caso de tus padres, es un momento decisivo. De todas formas, no le quería menos por eso. Yo sé que tengo defectos y mis hijos tendrán la libertad de realizar sus propias correcciones.

Por mi propia experiencia extraigo unas cuantas conclusiones sobre los padres. La primera es que está en la naturaleza humana ir evaluando a lo largo de nuestra vida las relaciones que tenemos, buenas y malas. Esta hermana o este hermano, ¿se ha portado bien conmigo? Ese amigo, ¿me ha apoyado en los momentos de necesidad? ¿Estaban tal y tal dispuestos a ayudarme cuando más los necesitaba? ¿Y yo para ayudarles a ellos? Es una especie de toma y daca y me parece que es muy humano. Cuando alguien nos trata bien, hacemos lo propio con él. Cuando alguien nos deja en la estacada, lo recordamos. Idealmente, deberíamos portarnos bien con quien se porta bien con nosotros. También sería lo ideal que respondiéramos con bondad a quien nos trata mal. Pero creo que las relaciones con nuestros padres deben estar más allá de esto. Verlas en términos de obediencia implica que tenemos que cumplir sus deseos. Yo no quiero decir esto, pero pienso que el respeto es importante. Si es necesario un cambio en nuestros padres, ese cambio ha de alentarse con respeto y de forma positiva. El respeto consiste en hacer lo que uno considera que debe hacer sin dejar de respetar sus opiniones. En mi relación con mi difunto padre no tengo en cuenta ni evalúo lo malo y lo bueno. Siempre seré bondadoso con él y le querré. A veces es difícil querer a alguien cuando te decepciona o te hace llorar de frustración, pero si pienso en lo que mi padre me dio, en vez de en lo que no me dio, veo que en mí llevo lo mejor de él.

En las sociedades patriarcales a las mujeres y a los niños se les considera propiedad de sus padres. Esto se convierte en un problema para hijos como yo, que no quieren ser una posesión. Yo quería encontrar un camino diferente, ser yo mismo, abrir nuevas vías y llevar una vida distinta de la que mi padre había tenido en mente para mí. Pero no quería rechazarle. Por el contrario, lo que hice fue intentar que se sintiera orgulloso de que yo hiciera realidad mis sueños. Al cabo, espero haber mostrado a mi padre que seguí y cumplí mis sueños de una forma que pudiera hacerle sentir cien veces más orgulloso de mí que si me hubiera limitado a seguir el camino que me había marcado.

He pensado mucho sobre el cambio. Cuando te opones a la corrupción del Estado, o al racismo o a las dictaduras o a los regímenes brutales, como los talibanes, a veces es necesario un grito, una protesta airada, como los poderosos mítines de Martin Luther King Jr., las fuertes voces de mujeres del #MeToo o la voz de Malala en su campaña por la educación de las niñas. Pero en aquella época, para el cambio social que quería en mi vida —tratar a las mujeres como iguales—, creía que el cambio más importante comenzaba conmigo.

Una vez que llevé a cabo ese cambio en mí mismo, lo cual fue más fácil cuando estaba viviendo en Spal Bandai, donde las mujeres parecían moverse con más libertad, pensé que podía invitar a unirse a otros con mi ejemplo en vez de con la fuerza. Creo que sabía instintivamente que no cambiaría nada si regresaba a Barkana y desafiaba a la comunidad súbitamente, si iba a la casa de barro en la que mis hermanas y primas seguían lavando el arroz y me dedicaba a pronunciar largos y apasionados discursos sobre la emancipación femenina y lo odioso que es el patriarcado. Nunca se me ocurrió intentar un cambio social repentino en mi comunidad. Yo quería una vida diferente de la de mi comunidad —y, en último término, también para esta—, pero no deseaba provocar una revolución.

El cambio en mí tampoco fue súbito, sino gradual. El atentado a mi prima no fue la única violencia que vi contra las mujeres en mi comunidad. En nuestra aldea hubo un crimen de honor en el que una joven fue envenenada y estrangulada por los varones de su familia porque estaba enamorada de un muchacho que no era el que le habían elegido. Cuando la madre fue a buscar consuelo bajo el árbol favorito de su hija muerta, los hombres de la familia lo talaron, pues la fuerza de su tronco y sus ramas era un recordatorio demasiado patente de la vida de la muchacha y su desafío. ¿Puede imaginar lo que es perder a su hija y que después también le arrebaten lo único que le proporciona consuelo?

En este contexto, yo estaba descubriendo el amor en el matrimonio y la paternidad.

El primer recuerdo que tengo de mi esposa, Toor Pekai, es de cuando yo tenía unos dieciséis años. Su padre era el mejor amigo de mi tío y vivían en Karshat, una aldea próxima a Barkana. No se me permitía hablar con ella, pero siempre que la veía de visita en casa de mi tío me parecía muy hermosa, con rasgos delicados, ojos verdes y la piel clara, el canon de belleza de los pashtunes. La atracción era mutua, aunque ella no lo exteriorizaba. Eso habría llevado una gran vergüenza a su familia, pues los matrimonios los concertaban los mayores, y no eran fruto de la iniciativa de los futuros novios.

Todavía me consideraba un muchacho feo, pero en la aldea se me conocía por ser listo y trabajador. Pekai —todo el mundo la llamaba Pekai— me dijo más tarde que valoraba más mi educación que mi aspecto. A los seis años había empezado a ir a la escuela, pero lo había dejado enseguida tras vender sus libros por nueve annas, con las que se compró unos dulces. Era la única chica de la clase y echaba de menos a sus amigas tanto que no tardó en abandonar la escuela para ir con ellas. Al llegar a la adolescencia ya era demasiado tarde para volver. Se echaba manchas de tinta en la ropa para dar la impresión de que seguía estudiando.

Lo que Pekai sentía que le faltaba —formación— lo encontró en mí. Lo que yo sentía que me faltaba —belleza— lo encontré en ella. Casi inmediatamente después de nuestra boda descubrí que su belleza iba mucho más allá de lo físico.

Recuerdo que una tarde, cuando volvía caminando a casa, después de haber estado en el campo con mis libros, vi a grupo de chicas que se aproximaban riendo. Eran como un banco de hermosos peces multicolores que se acercaban a mí, casi cubiertas por completo por sus velos. Yo sabía instintivamente que Pekai estaba entre ellas, y mi corazón empezó a desbocarse. Yo iba con el anciano que ayudaba a mi hermano a cuidar de los búfalos. «¡Rápido! —le dije— ¡Dame un espejo!». Me ofreció su tabaquera y yo utilicé la tapa metálica para alisarme el pelo. Cuando pasaron, Pekai levantó la mirada y me saludó. *«Pakhair raghlay»*, dijo. Yo estaba flotando. Era arriesgado que una chica saludara así a un chico. Años más tarde me contó que, cuando se aproximaban, les dijo a sus amigas: «Voy a hacerlo. Le voy a saludar», y que ellas le advirtieron: «No, no, Pekai. No debes. Piensa en tu honor».

Creo que, en retrospectiva, estas pequeñas cosas marcaron a Pekai como una mujer diferente ya entonces, pero incluso así había limitaciones. Tiempo después, en una ocasión le envié mi foto y ella me la devolvió de inmediato. El mensaje estaba claro: me había sobrepasado. Ella no podía arriesgarse a llevar consigo la foto de un chico. Nuestra atracción mutua tenía que expresarse de formas más sutiles. Yo daba clases particulares a su sobrino, por ejemplo, y a veces abría su libro y me encontraba una pequeña nota o señal de Pekai. «¿Quién ha hecho eso?», le preguntaba, y cuando decía: «Toor Pekai», el corazón me brincaba en el pecho. Sabía que ella quería que yo lo viera. A veces me sentía tan desesperado por no poder hablar con ella que me sentaba en el campo y hablaba a las piedras, haciendo como si ella estuviera allí y me escuchara decir lo mucho que me importaba.

Poco antes de morir, mi madre vio mi enamoramiento por Toor Pekai. Y recuerdo que sonreía.

En nuestra sociedad los matrimonios deben concertarse y contar con la aprobación de las respectivas familias. Este acuerdo con frecuencia es más importante que el de la novia. En el norte de Pakistán, en mi generación, una joven tiene que ser muy valerosa para oponerse a la voluntad de su padre y de sus hermanos. Pero en nuestro caso esto no era así. Nuestro matrimonio fue acordado por nuestras familias, pero nosotros lo consideramos un matrimonio por amor porque deseábamos estar juntos de todo corazón. Malala nos hace reír sobre el tema del matrimonio concertado. «Sí, *Aba* —dice—, mi matrimonio será concertado, pero por mí». Creo que, al menos en espíritu, Pekai también era así. De joven, si se divulgaba la noticia de que la mujer de un hombre había fallecido y él estaba buscando una nueva esposa —algo parecido a lo que había hecho mi padre—, iba corriendo a casa para que se tuvieran en cuenta sus sentimientos antes de que su familia siquiera llegara a plantearse casarla con un hombre mayor.

Yo tenía veinticuatro años cuando me casé con Toor Pekai. Ella todavía no sabe con seguridad cuándo nació porque, al ser una niña, no se hizo constar por escrito, pero pensamos que tiene más o menos mi edad. Estuvimos comprometidos durante tres largos años, que para mí fueron una agonía. Su honor significaba que yo no podía llevar su fotografía junto a mi corazón mientras estaba lejos en la universidad, primero para graduarme y después para el máster, así que cogí la foto de la famosa cantante y actriz Selma Agha, que, según pensaba yo, se parecía a Toor Pekai. Yo la miraba para recordarme que me esperaba en Karshat.

Una vez casados, nuestra afinidad era completa. Ya desde el principio, ella y yo creíamos apasionadamente en las mismas cosas: ayudar a la gente, servir a la comunidad, la educación de las niñas.

Mi esposa era fuerte, divertida, juiciosa, y, sin embargo, las normas sociales la habían hecho analfabeta. Y pensar que yo la había elegido como pareja solo por su aspecto físico. Entonces, cuando llegó Malala, sentí en mi corazón: «¡Tengo a estas maravillosas mujeres en mi vida!». El amor que sentía por ellas podía mover montañas. H_2O significa dos partes de hidrógeno y una parte de oxígeno. Es la misma fórmula para una gota de agua que para un océano. Yo digo a la gente ahora que cuando apliqué el principio básico de la igualdad de géneros a mi familia, cambió mi vida. Cambió la vida de mi esposa. Cambiaron las vidas de mis hijos, y puedo decir con total sinceridad que, cuando mi padre se hizo mayor y su muerte se acercaba en 2007, también cambió su vida. Todos los Yousafzai arrojamos el patriarcado al río Swat y ello nos aportó mucha felicidad.

UNA SEGUNDA OPORTUNIDAD

Todo lo que mi padre necesitaba para cambiar su opinión sobre las mujeres era una inspiración, una chispa que prendiera la bondad y la pureza que albergaba en su interior, y esa inspiración fue Malala. Ahora le digo a Malala: «*Jani*, eres una chica muy afortunada. Has tenido este carisma desde el primer día».

Cuando Malala nació el 12 de julio de 1997, diez años antes de que muriera mi padre, Toor Pekai y yo vivíamos en Mingora, la ciudad más grande de Swat.

Nuestras familias sabían que Toor Pekai y yo habíamos empezado a vivir de una forma distinta. De entre todos nuestros parientes, éramos la pareja más liberal, progresista e informada. Toor Pekai tenía una libertad para moverse sola por Mingora que no tenía ninguna otra mujer de nuestra familia extensa. A los dos nos criticaban por eso. No obstante, con el tiempo, mi padre empezó a aceptar la forma en que vivíamos, lo mismo que la familia de Toor Pekai. Al principio, nadie entendía por qué yo la animaba a moverse sola. Iba a sitios como el hospital, el médico, el mercado y nunca necesitó un acompañante masculino. Cuando mis amigos venían a casa, yo no esperaba que ella se cubriera la mayor parte de la cara. Esta relajación del *purdah* no era normal ni aceptable para nuestras familias. Pero me mantuve firme. Con el tiempo, cuando Malala empezó a tener un perfil público en Pakistán, estos aspectos de nuestra nueva forma de vida hicieron que nuestros allegados y amigos nos respetaran más, pero fue una evolución gradual. Estoy orgulloso de que no cediéramos a la presión.

Cuando Malala nació, yo ya llevaba tiempo intentando ser un nuevo tipo de hombre. Pekai me había ayudado en esto. Así que resultó tanto más chocante cuando mi padre no celebró el nacimiento de Malala. En aquella época no teníamos dinero, y como era una niña se negó a pagar el *woma*: la celebración de los allegados cuando nace un bebé en la que se toma carne de cabra y arroz. Yo empezaba a trabajar de maestro y apenas ganaba dinero para alimentarnos, así que Malala se quedó sin su celebración. Por lo que respectaba a mi padre, se repetía la maldición de nuestra casa: el mismo problema, aunque en otra generación y en otro lugar. Pero Malala llevaría a cabo un gran cambio en él.

Ya desde muy pequeña Malala tenía lo que yo llamo campo magnético. Los vecinos se peleaban por tenerla en brazos y cuando Toor Pekai la llevaba a Karshat, su aldea, la bisabuela de de Malala y sus tías abuelas se quedaban absortas mirándola en el regazo de Toor Pekai. «Esta niña parece que es una niña especial, Pekai». «¿Qué está haciendo con los dedos? ¿No os parece que está contando?». Todas las ancianas de la familia querían cogerla en brazos.

Mi padre no era distinto. No podía sustraerse al influjo de Malala; no le quedó más remedio que ceder a él. Me gusta pensar que, ya de niña, este fue el primer acto de Malala como ser influyente, que era demasiado poderosa para que la ignoraran las muchas personas que habían sido educadas para menospreciarla. Estoy convencido de que las convenciones sociales son como grilletes que nos esclavizan, y que cuando rompemos esas cadenas, el sentimiento de liberación al principio puede resultar extraño, pero a medida que experimentamos la libertad, sentimos en nuestro espíritu lo gratificante que es.

Esto es lo que le ocurrió a mi padre. La familia —al principio Toor Pekai, Malala y yo; después, cuatro con Khushal, y hacia el final de la vida de mi padre, cinco, con Atal— cogíamos el autocar para visitar a mi padre y a mi segunda madre en Barkana con motivo de las fiestas del Eid. Nos vestíamos con nuestra mejor ropa e íbamos cargados con bolsas y regalos. Cuando nos encontrábamos allí, Malala y Toor Pekai estaban confinadas en los aposentos de las mujeres, que nos servían a los hombres y los muchachos, igual que siempre desde que yo tenía memoria. Pero cuando mi padre y mi madre (llamé a mi segunda madre *Khaista Bibi* desde el principio) venían a visitarnos a Mingora, veíamos en él un cambio real. En mi casa, se respetaban mis reglas. Él se adaptaba sin dificultad a nuestra nueva forma de hacer las cosas. Creo sinceramente que se daba cuenta de lo maravilloso que era que estuviéramos todos juntos, comiendo juntos, caminando juntos, disfrutando de nuestra compañía mutua. Veía que amar de esta forma tenía ventajas, que es verdaderamente gratificante porque aporta alegría. Muchas veces quería decir a los hombres que viven de formas que no dan valor a las mujeres: «¿Os imagináis toda la alegría y la felicidad que tendríais en vuestro corazón si llevarais a cabo este cambio?».

Mi padre nunca había comido con mujeres a la mesa, pero nosotros, los Yousafzai de Swat, comíamos juntos. Toor Pekai seguía mostrando un profundo respeto hacia él, y retiraba todas las espinas de su pescado para ahorrarle ese trabajo. «Rezaré por ti», le decía, lleno de gratitud.

Cuando empecé a participar activamente en la política en Mingora, a veces no estaba en casa en las horas de las comidas y mi padre comía y charlaba él solo con las mujeres.

A medida que Malala se iba haciendo mayor, su personalidad destacaba: brillante, elocuente y articulada. Empezó a destacar en su trabajo escolar. Mi padre disfrutaba con su éxito académico. Su nietecita era brillante en todo. Sobresalía en su educación islámica y en su conocimiento del Sagrado Corán, y él cantaba: «Aquí está Malala / Es como Malalai de Maiwand / Pero es la niña más feliz del mundo».

Mi padre veía las cualidades especiales de Malala, veía cuánto la respetábamos y valorábamos y, gracias a esto, descubrió que una niña es tan valiosa como un niño.

Cuando Malala quedó la segunda en un concurso de declamación en la escuela, le preguntó: «¿Cómo es que esta niña tan brillante no ha sido la primera?». Tenía aspiraciones y expectativas para Malala de una forma que era completamente nueva para él, padre de cinco niñas de las que no había esperado nada. Y como quería mucho a Malala y era cariñoso con ella, a su vez ella le quería mucho y enriquecía su vida con su amor.

En la última década de su vida, mi padre disfrutó de este ciclo de bondad. Cuando nos visitaba en Mingora, íbamos de excursión a la orilla del río Swat, que para mí era uno de los ríos más hermosos que había visto en mi vida. Se desliza desde la parte alta del valle hasta el bajo Swat y el agua es cristalina, una mezcla de blanca y azul. A lo lejos, las cumbres del Hindu Kush desaparecen entre las nubes y junto al río hay fértiles campos verdes delimitados por hileras de árboles, flores silvestres y rocas con relieves de dioses antiguos, los únicos restos de los monasterios budistas del siglo II que en tiempos pasados poblaban las márgenes. Si cierro los ojos, me veo otra vez en aquella orilla con toda su felicidad, flotando en el aire el olor de las cosechas de arroz plantadas en los campos próximos.

El río estaba lleno de familias como nosotros, que descansaban del trabajo en el fin de semana. Solo estaba a poco más de tres kilómetros de nuestra casa, pero, como íbamos tres generaciones, era imposible ir a pie. Cogíamos un rickshaw o un pequeño autobús, provistos de cacerolas de pollo, pescado y arroz. Los siete —los cinco miembros de mi familia junto con mi madre y mi padre— cruzábamos en un teleférico al otro lado del río, donde la hierba era verde y abundante. Malala y los niños se bañaban en el río o jugaban a la pelota, y mi padre se sentaba en la hierba junto a nosotros, unas veces con su alfombrilla de oración y otras veces sin ella. Nos quedábamos allí durante horas, y el sol se ponía por detrás de las montañas en el horizonte, tiñendo el cielo de púrpura. Era tan sublime, tan romántico, y yo me sentía el hombre más afortunado de la tierra, porque habitábamos en aquel lugar tan especial y dichoso de la Madre Tierra, amándonos unos a otros y recibiendo el amor de la naturaleza en toda su belleza. Antes de que llegaran los talibanes, al principio de forma más incruenta y con violencia en 2007, el año en que murió mi padre, y amenazaran nuestra hermosa tierra, yo lo contemplaba todo desde allí y me emocionaba: «¡El mundo es tan hermoso!».

A orillas del río Swat no había diferencias entre nosotros. Mudarme a Mingora me permitió crecer social, cultural e intelectualmente. Cuando recuerdo aquel tiempo, pienso en todos juntos allí. Pienso en Malala, que por primera vez abrió la mente de mi padre al poder de una mujer. Creo que, al ver crecer a Malala, se le ocurrió que apoyar a una niña tenía sus recompensas porque le incorporó a nuestra nueva andadura. Mi padre veía que yo albergaba sueños para mi hija y se unió a mí en esos sueños, de forma que, al final de su vida, mi padre y yo soñábamos juntos.

Hijos

LUCHAS DE COMETAS

Cuando Khushal y Atal eran niños en Mingora, subían a la azotea de nuestra casa alquilada y volaban sus cometas. Había muchos otros niños con ellos allí arriba, corriendo y gritando y atrapando el viento, mientras sus manos guiaban diestramente los hilos de las cometas, de forma que nuestro cielo, con las montañas en la distancia, se convertía en una preciosa manta parcheada de colores.

Volar cometas era un vínculo entre los hermanos de Malala, como entre muchos niños en Pakistán, Afganistán y la India. Volviendo la vista atrás, desde otro país en el que volar cometas no es un deporte tan extendido, me imagino la libertad que mis niños debieron de sentir en lo alto del edificio cuando el sol empezaba a ponerse en el horizonte y se levantaba el viento. Siempre estaban intentando atrapar el mejor viento en la azotea. La fuerza del viento y lo lejos que pudiera llevar sus cometas era lo único que les preocupaba.

Muchas veces trabajaban en equipo. Atal sujetaba la cometa, mientras Khushal se alejaba todo lo que podía con el hilo y daba a su hermano la orden crucial de soltar la cometa en el aire. Entonces Khushal corría, reduciendo la distancia entre los dos para que el viento la elevara.

Lo que más les gustaba eran las peleas de cometas en las que trabajaban en pareja contra los equipos de otros niños del vecindario. Cada equipo trataba de derribar la cometa del rival mediante una maniobra experta que implicaba enredar y cortar las cuerdas.

Nuestras cometas no son como las europeas: los hilos no son de algodón, sino que están revestidos de cristal triturado o de polvo metálico para poder cortar los hilos de otras cometas. Pakistán solía estar lleno de competiciones de cometas, que más tarde fueron prohibidas por razones de seguridad cuando se empezaron a difundir noticias de accidentes cuando las cuerdas caían y herían a quienes se encontraban debajo.

Para los niños era un juego inocente pero extremadamente competitivo. En mi infancia apenas volé cometas, por lo que no podía valorar toda la habilidad que implicaban aquellas peleas de cometas, pero a Khushal le encantaban. Muchas veces permanecía en la azotea durante horas, intentando que su cometa volara más alta que la de su amigo o derribara las otras cometas. El sol le oscurecía la piel y Toor Pekai siempre temía que se deshidratara. Pero no había preocupación por su salud ni queja sobre su descuidado trabajo escolar que pudiera hacerle bajar de la azotea.

A veces irrumpían en casa gritando y riendo con una cometa rival en las manos. No había mayor victoria que desafiar a una cometa rival, perseguirla por las calles de Mingora, atraparla y traerla a tu casa como trofeo.

Si el espíritu competitivo de Malala se manifestaba en superar a sus inteligentes amigas de la escuela, el de los chicos estaba volcado en las cometas.

Mingora hacía a los niños tan felices como me hacía a mí. Como hombre joven que empezaba a formarse sus propias ideas sobre cómo quería vivir, el valle de Swat, con toda su belleza, me había dado mucho. Pero lo más importante es que me había ayudado a convertirme en mí mismo. Primero en Spal Bandai y, después de casarme, en Mingora con Toor Pekai, había descubierto a personas con las que podía hablar y escribir poesía.

Cuando Toor Pekai y yo empezamos a tener familia, la belleza de nuestro mundo se reflejaba en el amor dentro de nuestra casa.

Estoy convencido de que, a su manera, todas las familias son instituciones, instituciones informales y no expresas. Todos tenemos valores, por mucho que difieran entre las familias. Esos valores no son como gráficos colgados en la pared, identificados con marcas. Son tanto explícitos como inexplícitos e impregnan la casa. Como padres, esperamos que sean adoptados y practicados por todos los miembros de la familia.

Cuando, después de ser padre de una hija, tuve hijos varones, definí mi familia como defensora de la igualdad ante todo. No teníamos escrito en las paredes de nuestra casa: «Todos los hombres y mujeres son iguales, todos tienen libertad de expresión», pero nuestra vida en común reflejaba esos valores.

Aunque los nacimientos de los chicos fueron celebrados por nuestra familia extensa y por la comunidad, a diferencia del de Malala, yo estaba decidido a que todos recibieran el mismo trato.

Estaba decidido a que en mi familia no hubiera preferencias de género.

También quería una familia que creyera en la libertad de expresión. Había aprendido de mi padre a no ser exigente, ni de corazón ni de mente, con un chico que tenía algo que expresar, fuera lo que fuera.

Pero ¿cómo iba a mantener esos nuevos valores, viviendo en el seno de una sociedad patriarcal, cuando mis hijos estaban rodeados de otros chicos y hombres que estaban formados en los viejos principios?

Me parecía que si mis hijos me veían comportarme de una determinada manera, pensarían que eso era lo normal. Si veían que su madre podía ir al mercado sola, que su voz tenía tanto valor como la mía, que la respetaba y la amaba por lo que era, más que por los roles y quehaceres que desempeñaba para mí, que el futuro de su hermana no tenía límites, lo más probable es que esto les encaminara también a ellos por una senda distinta.

Creo que todos los niños aprenden de lo que hacemos, no de lo que les enseñamos. Los modelos de nuestros hijos debíamos ser Toor Pekai y yo. Si Khushal y Atal me veían tratar a su madre y a su hermana con respeto y sentido de igualdad, eso contribuiría a formarlos para que fueran la clase de hombres que practican ese respeto en la siguiente generación. En mi opinión, así es como se produce el cambio social. Comienza con uno mismo.

Pero haber dicho constantemente a los chicos, con todo el fervor que sentía en mi corazón: «Todos somos seres humanos.

No hay diferencia ni superioridad. Todos somos iguales», cuando todo lo que ellos querían era volar sus cometas, habría sido contraproducente.

Así que nunca les dije que debían tratar a Malala como a su igual. Simplemente lo hacía yo mismo. Actuaba de acuerdo con lo que creía. Es un punto de partida excelente.

«Ziauddin —me decía—, no hace falta que sermonees a los chicos. Simplemente vive con normalidad. Dales amor. Dales amor».

¿Y qué es amor? Amor es libertad. Amor es respeto. Amor es igualdad. Amor es justicia. «Así que —me decía— ama a tu esposa y sé amado por ella, y tus hijos aprenderán eso». Me aferré a esto cuando los talibanes invadieron nuestro valle y llenaron nuestro mundo de odio y miedo.

LA COPA ROBADA

Como familia, disfrutamos de un decenio de tranquila felicidad después del nacimiento de Malala en 1997, seguido de los de Khushal en 2000 y Atal en 2004. Estos fueron los años en que íbamos de excursión con mi padre a la orilla del río Swat y nos reíamos y bromeábamos, y Toor Pekai nos divertía con sus imitaciones de gente que conocíamos. Ya desde pequeña tenía verdadero talento para las imitaciones y se la consideraba una de las niñas más divertidas de Karshat. Su humor agudo y afilado y la forma directa que tenía de expresarse no habían perdido fuerza con el tiempo y para los niños era un excelente contraste conmigo. A mí me seguía gustando la poesía y veía el mundo de formas que quizá eran menos prácticas que la lente a través de la cual lo veía Toor Pekai.

Yo estaba ocupado dirigiendo mi escuela, el Colegio Khushal. Para entonces ya se había consolidado económicamente y estaba llena de chicas a las que, como a Malala, yo quería motivar para que tuvieran confianza en sí mismas y lograran lo que se propusieran. ¡Cómo me gustaba ir de clase en clase, hablándoles de poesía, escuchando lo que me contaban sobre sus vidas y si sus padres les apoyaban! Yo era muy activo en la comunidad y trabajaba con varios grupos y órganos políticos. La vida era hermosa.

Desde el principio, Khushal y Atal fueron distintos de Malala. Ella era una niña estudiosa, que desde muy pequeña entraba y salía corriendo en las aulas de la escuela, y cuando tuvo la edad para ser alumna trabajaba duro rodeada de libros.

Académicamente era de las mejores. Estaba decidida a ganar copas y premios siempre que pudiera. Estos son muy importantes en el sistema educativo en Pakistán, que fomenta la competitividad en los niños ya desde muy pequeños. Para ellos puede ser muy estresante, como yo recordaba que lo había sido en mi infancia.

Nunca aspiré a que mis hijos fueran los mejores, aunque he de admitir que la idea me agradaba, pero no les presionaba. Todo lo que quería era que se esforzaran, así que les decía: «No importa si eres el primero, el segundo, el tercero, lo que sea. No importa, siempre que lo hayas intentado».

Los tres se educaron en mi escuela y eso significaba que yo veía de primera mano sus éxitos y sus decepciones. Malala no tenía muchas decepciones. Siempre era la primera o la segunda. Se volcaba con cada examen, cada trabajo, cada libro. Llevaba un registro de todo. No tiraba nada y cada cosa estaba pulcra y ordenada. En ese sentido era como mi padre.

Pero los chicos necesitaban más apoyo. En una ocasión, en una asamblea, vi que los ojos de Atal se llenaban de lágrimas y que bajaba la cabeza cuando el chico que estaba a su lado recibió el premio que creía que iba a ser para él. Después de aquello estaba tan acongojado en el aula que su profesor me llamó para que fuera a consolarle.

Aunque sus notas no fueran tan buenas como las de Malala, yo quería que los chicos se sintieran valorados por lo que eran. No quería que se sintieran nulidades, como me habían hecho sentir a mí en mis años de escolar: un chico pobre que tartamudea en una clase de chicos ricos, que contaban con el favoritismo de los profesores por su origen. Pero, al mismo tiempo, yo era el director del colegio. Para mí la educación era primordial. Aprender era primordial. Yo había conseguido que mis maestros se fijaran en mí gracias a las buenas notas. La educación me había salvado.

Para ser sincero, lo que querían los chicos sobre todo era jugar al críquet y subir a la azotea a volar sus cometas. El trabajo escolar no les interesaba.

De niño, Khushal tuvo problemas de salud que preocupaban mucho a Toor Pekai y que coincidieron con la época en que la capacidad de Malala se estaba haciendo cada vez más evidente. Atal fue un niño feliz y sociable desde que nació y sigue siendo el mismo muchacho divertido, listo y feliz.

Khushal, que ahora tiene dieciocho años, era un muchacho complicado, y lo digo ahora, cuando mi relación con él es más cariñosa y feliz de lo que ha sido nunca. Pero no siempre fue así.

Yo siempre le estaba atosigando para que leyera. «Khushal, mi sueño es llegar a casa y verte leyendo un libro, porque nunca lees libros», le decía irritado, si le encontraba viendo la televisión o con algún juego de ordenador, o si llegaba a casa y Toor Pekai me decía que había estado en la azotea volando su cometa durante horas sin beber nada.

Una tarde, después de la escuela —en Pakistán las clases acaban pronto, algo que todavía lamentan mis hijos, ahora que están en colegios británicos, que terminan mucho más tarde—, Toor Pekai entró en la habitación y le encontró en el sofá rodeado de libros, sujetando uno en la mano. ¡Aquello era un acontecimiento! «¡Khushal! —exclamó—. ¿Estás leyendo un libro?».

Él respondió: «No. En realidad, no estoy leyendo. Solo cumpliendo el sueño de mi padre de encontrarme leyendo». Cuando Toor Pekai me lo contó, estallé en carcajadas. Me pareció estupenda esta demostración de ingenio a mi costa. Pero ahí también había un mensaje: los sueños de los padres pueden ser una carga. Precisamente yo, que había vivido con el miedo de no llegar a ser médico, debería haber sabido esto.

Pasaba más tiempo preparando los trabajos escolares con Khushal y Atal del que pasaba con Malala, porque a ella no hacía falta motivarla. Cuando se trataba de aprender discursos y pronunciarlos, tuve gran éxito con Atal, que era brillante en las competiciones de debate y es un abogado nato, pero Khushal no estaba interesado en convertirse en un orador.

En una ocasión descubrí que Khushal estaba a punto de ganar una copa por su trabajo académico. Telefoneé a Toor Pekai, que se encontraba en Shangla con los niños: «¡Ha ganado!». Estábamos muy felices por él. No fue la última vez que Khushal me demostró que era un niño que podía motivarse.

Cuando volvió al colegio, Khushal recogió su copa, pero de camino a casa un chico se la arrebató y se perdió corriendo entre el gentío. Cuando Khushal llegó a casa lloraba tanto que Toor Pekai no entendía qué había pasado. La copa había desaparecido. Toor Pekai salió corriendo de casa y empezó a buscar al ladrón por la calle. No me cabe ninguna duda de que habría recuperado la copa si le hubiera encontrado. No tuvo suerte. Khushal estaba inconsolable.

Cuando Malala se enteró, le dio una de sus numerosas copas y pegó su nombre en ella.

Fue un acto de bondad, pero Khushal quería la copa que había ganado, por supuesto.

PADRES QUE OLVIDAN QUE HAN SIDO HIJOS

La talibanización violenta del valle de Swat comenzó en 2007 y a finales de diciembre de 2008 el líder talibán, el maulana Fazlullah y su portavoz, el maulana Shahdauran, declararon en la emisora de radio del movimiento que a partir del 15 de enero de 2009 estaría prohibido que las niñas fueran a la escuela. Atemorizados, los maestros empezaron a dimitir.

La educación de mis hijos no se vio afectada por este decreto. Sin embargo, Malala y las demás alumnas del colegio tendrían que quedarse en casa, esperando a que las casaran para pasar la vida sirviendo a sus esposos ocultas detrás de un velo.

¿Cómo podía soportar algo así siendo padre de una niña que adoraba aprender y que había ayudado a formar una familia en la que nuestros principios vitales eran la libertad y la igualdad? Había imbuido nuestro hogar de valores cruciales: ser afectuoso, ser solícito, ser considerado con otras personas, ayudar a los demás, ser igual, ser justo. Y ahora tenía que retroceder a un modo de vida como el de mi infancia, en el que a mis hermanas se las ignoraba y olvidaba y a mí se me admiraba. Siempre había sentido un profundo vínculo con Malala, y el hecho de que los talibanes prohibieran su educación no hizo más que reafirmar mi determinación. Malala era una niña nacida en una sociedad patriarcal. Yo prestaba más atención a Malala que a sus hermanos porque ellos habían nacido en una sociedad que les favorecía. Desde el momento en que nació, estuve combatiendo los prejuicios contra ella. Para cuando nacieron Khushal y Atal, podíamos permitirnos la ceremonia del *woma* que Malala no había tenido. No obstante, yo pensaba: «¿Por qué tiene que ser distinto con los chicos?». Así que tampoco hicimos una gran ceremonia para ellos. Fue lo mismo con la cuna en la que dormían. Si la cuna de segunda mano era buena para Malala, entonces también podían tenerla los chicos. Era como si siempre hubiera tenido en mente el desequilibrio de nuestra sociedad y la necesidad de corregirlo.

Pero hace poco he pensado: «¿Por qué privé a mis hijos de la ceremonia? Sus nacimientos eran tan dignos de ser celebrados como el de Malala». Ellos no eran responsables de las desigualdades que veíamos cada día a nuestro alrededor. ¿Por qué no se les ha de celebrar? Los niños también tienen necesidades.

Quizá me puedo permitir sentir esto ahora porque Malala está consiguiendo muchas cosas. Creo que empoderar a las niñas no debe significar desempoderar a los niños. Jóvenes seguros y formados, queridos por sus familias, que han aprendido a valorarse a sí mismos y a respetar a sus hermanas, sus madres y sus compañeras de clase, se convertirán en hombres buenos que contribuirán a producir el cambio. Cómo veían a las niñas y a las mujeres cuando Khushal y Atal eran pequeños conformaría su visión de las mujeres y las niñas cuando fueran mayores.

Pero la talibanización de nuestra región significó que mi principal preocupación era proteger nuestros derechos, no analizar ni pensar de forma proactiva. Ante todo, se trataba de defender lo poco que ya habíamos conseguido para las niñas.

Los talibanes eran un enemigo tan poderoso, y sus declaraciones sobre las mujeres y la educación de las niñas tan repugnantes y destructivas para las vidas de mujeres y niñas, que la necesidad de alzar la voz contra ellos reforzó mi vínculo con Malala. Se convirtió en nuestra misión.

Poco a poco nos convertimos en compañeros de campaña de una forma que no incluía a los chicos. Todos estábamos unidos en esta campaña, particularmente Toor Pekai, que nos dio su bendición y, muy importante, nos apoyó con su sabiduría y su calma, pero carecía de visibilidad porque culturalmente no podía tenerla. Nuestra cultura patriarcal, junto con los efectos de la talibanización, convirtió a las mujeres en prisioneras en el interior de sus hogares.

Los chicos no eran lo bastante mayores para comprender lo que estaba ocurriendo en Mingora. Lo que sí entendían lo representaban en la azotea de nuestra casa jugando a la guerra e intentando matarse uno a otro: talibanes contra el ejército. Para ellos era un juego tan inofensivo como volar cometas.

Entre 2007 y el 9 de octubre de 2012, cuando dispararon a Malala, yo estaba tan ocupado con nuestra campaña, hablando públicamente y asistiendo a reuniones, bien solo bien con Malala, que a veces no prestaba mucha atención a los chicos. Cuando los talibanes no estaban quemando nuestras escuelas o azotando a personas en las plazas o asesinando a amigos míos, sus miembros siempre estaban presentes en nuestras vidas, merodeando a nuestro alrededor, un recordatorio de lo que podría ocurrirnos a cualquiera de nosotros.

La educación de mis hijos era extremadamente importante para mí, pero no era algo tan extraordinario por su mera existencia como la de Malala. Los chicos llevaban décadas estudiando en Pakistán. Y así fue como Malala y yo emprendimos juntos esta suerte de odisea de una niña. Nuestra campaña para salvar la educación de las niñas en nuestro país duró cinco años, hasta el atentado contra su vida, momento en el que era la joven más influyente de Pakistán.

Fue en esta época cuando Khushal le dijo un día a solas a Ahmad Shah, uno de mis mejores amigos: «Mi padre no se ocupa de mí como se está ocupando de Malala». Me dolió mucho cuando mi amigo me lo contó. Fue un gran shock, porque mi relación con Khushal era buena. Yo me interesaba por sus estudios y le ayudaba con sus lecturas.

Como padre, cada día intentas ser bueno. Es una especie de inversión para el futuro, porque la paternidad continúa y continúa, y sus efectos conforman las generaciones futuras de tu familia. Por eso la vida familiar es tan importante.

No obstante, como padre puedes hacer algo mal cuando crees que lo estás haciendo bien. Momentos como la queja de Khushal a mi amigo me recuerdan lo difícil que es la paternidad. Yo estaba convencido de que era un buen padre para todos. Me daba cuenta de que a medida que Malala se hacía famosa en nuestro país por su campaña, Khushal pudo haber pensado: «Quizá sea mi padre quien la está haciendo famosa». Pero yo le dije que realmente era Malala quien despertaba el interés en mí, y no solo en mí sino también en muchas personas de nuestra comunidad. Tenía un don especial para defender una causa y hablar en público. Malala tiene cualidades únicas —yo no—, pero era una niña y necesitaba que la acompañara un adulto. Eso nos hacía únicos.

Las palabras de Khushal me dolieron, e hice todo lo que pude por corregir ese desequilibrio, pero lo cierto es que no tenía tiempo suficiente, porque estaba inmerso en mi campaña contra los talibanes. En esto fallé a Khushal de una forma en que mi padre nunca me falló a mí. Mi padre puede que no tuviera dinero, pero me dedicaba toda su atención. Sacaba el tiempo necesario. Yo estaba tan preocupado con lo que ocurría en mi valle que, cuando en 2009 el ejército pakistaní llegó a Mingora para expulsar a los talibanes y nos convertimos en personas desplazadas internamente, hasta se me olvidó el duodécimo cumpleaños de Malala. A todos se nos olvidó.

En 2011, el año antes de que dispararan a Malala, el mismo año en que ganó el Premio Nacional Juvenil de la Paz de Pakistán y mataron a Osama bin Laden en Abbottabad, Toor Pekai y yo tomamos una mala decisión sobre el futuro de Khushal. A principios de 2012, un año terrible por las amenazas de muerte de los talibanes, le enviamos a un internado muy bueno a kilómetros de distancia, también en Abbottabad. Como suele ocurrir, pensábamos que actuábamos por su bien. Queríamos lo mejor para Khushal y Atal de la misma forma en que queríamos lo mejor para Malala. Al menos nuestros hijos podrían recibir una buena formación en alguno de los numerosos colegios que había para chicos. En Pakistán, los mejores colegios masculinos suelen ser las escuelas de cadetes dirigidas por el ejército. Las chicas no podían ir a esos colegios cuando Malala era pequeña, pero en 2014 se abrió en Marden una escuela de cadetes femenina, un signo de que nuestro país está cambiando poco a poco. Decidimos que Khushal debía ir a un colegio preparatorio privado para entrar en una escuela de cadetes. Escogimos Abbottabad, a unas horas de distancia del valle de Swat, porque la zona era más tranquila. Desde el principio Khushal no quería ir, pero le obligué.

Estaba convencido de que mi deber era dar a Khushal lo que yo creía que necesitaba. Me preocupaba por él. Era una decisión costosa —la matrícula en aquel colegio costaba mucho más de lo que había gastado nunca en la educación de Malala—, y fue un error muy caro.

Malala iba muy bien en el Colegio Khushal. Era una estudiante excelente, pero yo creía que mi hijo Khushal necesitaba el estímulo añadido de un colegio mejor. ¿Por qué no le escuché? Él odió aquello desde el principio. Lloraba todo el tiempo.

Los profesores pegaban a los chicos, algo que no era raro en los colegios de Pakistán. Fue traumático para él.

Cada vez que hablábamos por teléfono nos pedía que le sacáramos de allí, de lo contrario se escaparía. «Me habéis metido en una cárcel», gritaba. Toor Pekai muchas veces estaba angustiada. Todos le echábamos de menos, Toor Pekai en especial. Yo también le echaba de menos desesperadamente, pero me aferraba al futuro que había imaginado para él: buena escuela, buena universidad, buen trabajo, futuro seguro.

Debía de llevar allí unos dos o tres meses cuando en la segunda visita a casa se negó a volver. Fue una demostración de la fuerza de carácter que había esperado dar a todos los niños.

«Esta vez no voy a volver —dijo Khushal—. Me quedo aquí». Y estaba decidido.

Tuve que ceder, aunque había sido una iniciativa muy cara. Pero no quería que me considerase un mal padre o que sintiera que le había tratado mal. Quería que me recordara como un padre bueno, afectuoso y responsable.

Esto me ha hecho pensar que cuando los sueños de los padres para sus hijos chocan con los deseos de estos, cuando amenazan con robarles la felicidad del presente, esos sueños pueden infringir los derechos básicos de los niños. Los padres pensamos que sabemos lo que es mejor, que podemos tomar las decisiones más acertadas, pero no siempre tenemos razón.

Khushal estaba muy acostumbrado al cariño de todos nosotros, a sus amigos, a su vida en Mingora. ¿Cómo se me ocurrió desarraigarle por un futuro brillante que también había imaginado yo para él? ¡Mi padre había hecho lo mismo conmigo! No debería haber caído en el mismo error.

Todos los padres han sido hijos en su momento, pero pueden olvidar que lo han sido. Hay unas líneas de Khalil Gibran que resumen lo que aprendí más tarde con todas sus consecuencias, y en carne propia: «Tus hijos no son tus hijos / Son los hijos y las hijas del anhelo de la vida por sí misma / No vienen de ti, sino a través de ti / Y aunque estén contigo no te pertenecen».

Casi de inmediato, en cuanto Khushal regresó volvió a estar con Atal en la azotea volando las cometas al viento. Nos dijo que nunca volvería a marcharse. Nosotros tampoco queríamos abandonar nuestro maravilloso valle de Swat.

La mañana del 9 de octubre de 2012, mientras tomábamos nuestro habitual desayuno de chapatis, huevo frito y té dulce azucarado, Toor Pekai dijo a Atal que regresara a casa en el autobús del colegio con Malala. Estaba muy inquieta por la seguridad de los niños y nunca se tranquilizaba hasta que se encontraban de vuelta en casa con ella. El conductor era Usman Bhai Jan, un hombre divertido que entretenía a los niños con sus trucos de magia e historias cómicas. Atal también era un niño divertido y atrevido, que le seguía sus bromas. También podía portarse muy mal en el trayecto en autobús desde el Colegio Khushal hasta nuestra casa. Muchas veces se negaba a sentarse dentro con las niñas y trataba de colgarse peligrosamente de la rampa trasera de la camioneta mientras este serpenteaba por las calles de Mingora, llenas de baches. Solo tenía ocho años y era ligero como una pluma. Usman temía, con razón, que en un bache profundo Atal saliera despedido y sufriera un accidente grave o incluso mortal.

A mediodía, de acuerdo con lo que le había mandado Pekai, Atal salió de la escuela primaria y fue a reunirse con Malala. Yo había estado en la escuela esa mañana, pero no en la zona de Malala, donde ella estaba haciendo exámenes, sino en la de Atal. A la hora de comer tuve que ausentarme para ir a una reunión en el Club de Prensa de Swat como presidente de la Asociación de Colegios Privados. Pekai estaba en casa, preparándose para ir a una clase de inglés.

Usman llegó a la puerta de la escuela con su *dyna*, una furgoneta abierta por detrás, como era habitual. Malala estaba con sus amigas, todas con el uniforme del colegio, y entre el numeroso grupo de adolescentes con sus pañuelos a la cabeza y sus shalwar kamizes estaba el pequeño Atal, corriendo de un lado a otro, haciendo travesuras lleno de energía. Mientras las niñas subían a la parte trasera del *dyna,* Atal se negó a sentarse. «Atal Khan, siéntate dentro o no te llevo», le dijo Usman Bhai Jan. Usman recuerda que ese día ya estaba harto del estrés de llevar a Atal de esa forma tan peligrosa. Pero Atal prefirió volver andando a casa antes que admitir su derrota, y después de una breve pugna en la que Atal intentó convencerle de que le permitiera ir colgado de la rampa trasera de acceso, Usman tomó la decisión de no llevarle. Cuando Atal se quedó allí viendo cómo el *dyna* desaparecía calle Haji Baba abajo, levantando polvo y arena, estaba furioso. A Atal no le gusta perder una pelea. No me gustaba la idea de que Atal hiciera el trabajo de Usman Bhai Jan de conducir el autobús del colegio más difícil de lo que ya era. En

2012 hacía tres años que el ejército pakistaní había expulsado a los talibanes de Mingora, pero aún había soldados armados y puestos de control que el *dyna* tenía que pasar al menos cuatro veces al día. Pero dado lo que estaba a punto de ocurrir, cuando ahora vuelvo la vista atrás pienso: «Gracias a Dios, la travesura de Atal hizo que ese día no fuera en el autobús». El propio Atal dice: «*Aba,* menos mal que no iba en el autobús».

Mientras Atal se ponía en marcha con sus amigos para volver a casa andando, Usman llevaba el *dyna* por su ruta habitual: la calle Haji Baba, torciendo a la derecha en el puesto de control del ejército y después por una accidentada carretera, un atajo muy concurrido que aquel día a Usman le pareció extrañamente vacío. Cualquier otro día, colgado en la parte posterior de la camioneta, Atal habría sido el primero en ver a los dos jóvenes que salieron de un lado de la carretera para detenerla. Mientras que el primero de ellos permanecía delante para distraer a Usman, el segundo fue hacia atrás, donde Atal habría estado. «¿Quién es Malala?», preguntó a todas las niñas que estaban en el interior del autobús. Cuando todos los ojos se volvieron involuntariamente hacia mi hija, levantó su arma y apretó el gatillo. La bala traspasó la cabeza de Malala y después hirió a dos de sus amigas, Shazia y Kainat.

Malala no recuerda nada del atentado. Todo lo que Attal recuerda de Pakistán es la felicidad de volar su cometa, pero si Usman le hubiera permitido viajar en la parte de atrás del autobús ese día, podría haber quedado traumatizado para siempre al ver cómo disparaban a su hermana a quemarropa. ¿Quién es Malala? Cuando el cuerpo de mi valerosa hija se desplomó hacia delante y su sangre empezó a empapar los asientos y el suelo del *dyna,* Atal habría pensado: «Malala es mi hermana y está muerta».

Se había acabado volar cometas para mis hijos. Usman llevó el *dyna* a toda velocidad al Hospital Central de Swat. Yo había apagado mi teléfono para pronunciar un discurso, pero un amigo en el Club de Prensa de Swat recibió el aviso de que el autobús del Colegio Khushal había sufrido un atentado. Yo estaba aturdido. ¿Había resultado herida Malala? ¿Iba Atal en el autobús ese día?

Subí al estrado y me disculpé. Otro amigo recibió una llamada. Malala estaba herida. He contado la historia de aquel día muchas veces en los últimos seis años, pero siempre es igual de difícil. *Dios mío. Dios mío.* Fui al hospital a toda prisa en el coche de un amigo y encontré a Malala en una camilla. «Hija mía, mi valiente Malala, mi valiente hija», decía mientras la besaba en la frente, que estaba envuelta en un vendaje húmedo de sangre. No pude llorar. No pude derramar ni una lágrima. Creo que estaba más allá del llanto. Solo puedo describirlo así: sentía que un profundo agujero negro me estaba tragando. Me encontraba fuera del espacio y del tiempo. Era como una piedra, inerte. Llamaron a un helicóptero para llevarla a un hospital mucho más grande en Peshawar. Yo corría junto a la camilla mientras la transportaban al helipuerto de Mingora, que está a algo más de un kilómetro de nuestra casa. Resulta extraño ver ahora las imágenes que se televisaron de esto. Mientras volábamos, no miraba alrededor. Malala iba a mi lado vomitando sangre. «Por favor, Dios mío, por favor, Dios mío, haz que sobreviva». Rezaba. En casa, después de oír la noticia, Pekai empezó a recitar el Corán en su alfombra de oración. «No lloréis», decía a las numerosas mujeres que habían acudido a nuestra casa. «Rezad». Cuando llegó Atal, puso la televisión y vio las imágenes. Empezó a llorar y llamó a Khushal. Juntos, vieron el texto de las noticias en la parte inferior de la pantalla, preparándose para el titular: «La adolescente pakistaní Malala Yousafzai ha muerto». Todos habíamos visto que esto fue lo que ocurrió con Benazir Bhutto en 2007.

Tres días más tarde, después de una operación de emergencia en el Hospital Militar Combinado de Peshawar y de más cuidados en el Instituto de Cardiología de las Fuerzas Armadas en Rawalpindi, el lunes 15 de octubre a las 5 de la mañana, Malala fue trasladada en una ambulancia con escolta armada al aeropuerto de Rawalpindi, donde esperaba un avión privado de los Emiratos Árabes Unidos. Las carreteras estaban cortadas y había francotiradores en las azoteas. Su camilla fue llevada a bordo y pronto volvía a volar, esta vez muy lejos, para ir a un hospital, el Queen Elizabeth, en una ciudad desconocida llamada Birmingham, en el Reino Unido. Este hospital le proporcionaría los cuidados vitales que, con mucha suerte, podrían limitar los daños que la bala había causado en su cerebro.

Mientras aguardábamos para salir de Pakistán e ir con Malala, Khushal rompió a llorar un día y gritó: «¡Éramos cinco y ahora somos cuatro!». No estaba escrito en ningún lugar de nuestra casa que nuestra familia siempre seríamos cinco, lo mismo que no teníamos necesidad de escribir «Todos somos iguales», pero así era. Siempre habíamos sido cinco. Y ya no lo éramos.

Las cometas de los chicos aún están en Mingora, en una caja, con las cuerdas intactas, junto con la cama de Malala y sus trofeos, diplomas, premios, libros e informes escolares, testimonio de la educación por la que luchó.

Nuestra casa ahora está alquilada a otra familia. Se encargaron de guardar nuestras cosas y las conservan en una habitación, reliquias de la vida feliz que tuvimos allí.

CAMBIOS MARAVILLOSOS

Cuando de niño jugaba al críquet en nuestra embarrada azotea, mi padre me llamaba: «¡Ziaaaaaaaa... udina!». Y ya antes de que hubiera terminado la última sílaba, yo había bajado y estaba delante de él, tan obediente como un soldado a la llamada de su oficial cuando grita «¡Atención!». Pero cuando mis hijos se hicieron adolescentes en Occidente yo no vi esa obediencia automática en ninguno de los dos y he de admitir que la deseaba. La necesitaba.

Gritaba en la escalera que la cena estaba lista y la única respuesta era el silencio. ¿Es que no me oían? A veces subía la escalera de nuestra casa en Birmingham, que resultaba tan extraña, con sus superficies de mármol y habitaciones vacías, y abría las puertas de sus dormitorios para encontrarlos inclinados sobre sus pantallas de ordenador, en una nube de luz azul. «¿No me habéis oído?», preguntaba. A veces ni siquiera me miraban. Y repetía una y otra vez esta historia de mi infancia: «Cuando de niño jugaba al críquet...», pero no servía de nada. «¿Por qué no sois como yo era con mi padre?», le decía a Khushal, que me parecía lo bastante mayor para comprender que yo merecía respeto.

Siempre eran los ordenadores, consolas, Game Boys, aplicaciones móviles. Yo no comprendía esos artilugios, y mucho menos cómo usarlos. Mi primera experiencia con un ordenador fue a los treinta y cinco años.

«¿Por qué me ignoráis?», decía enfadado a los chicos. Me sentía frustrado. Khushal parecía estar haciéndose mayor rápidamente.

¿Qué fue del Ziauddin liberal? ¿Qué fue del padre que se daba cuenta cuando se equivocaba allá en Pakistán y creía en la igualdad y la libertad y en animar a sus hijos a que se expresaran? ¿Qué fue del Ziauddin que aspiraba a una nueva educación más libre y más suave para sus hijos? Durante dos años y medio, ese Ziauddin no estaba por ningún sitio. No le encontraba.

Separado de nuestra cultura, de nuestra familia, de la estructura de apoyo que representaban mis amigos y los amigos de Toor Pekai, personas que podrían haber sido mentores de nuestros hijos, yo no entendía a mis chicos. En el Reino Unido ellos vivían de acuerdo con un modo de vida occidental que para mí era irreconocible. Yo, un padre musulmán de Asia, temía en mi corazón que fuera a perderlos. Tal y como yo lo veo, esto no es algo infrecuente entre padres asiáticos.

Nos estábamos distanciando mucho más de lo que lo habíamos estado mi padre y yo. Pese a todo lo que me había modernizado de joven, no había dejado de ser obediente y respetuoso. Aunque había aprendido inglés y comprendía la importancia de la igualdad, el puente entre mi padre y yo era la fe, nuestro amor a los grandes escritores en urdu y pashtún, y, en último término, que yo nunca desafié su autoridad. Mi misión había

92

sido dar poder a Malala, no arrebatar poder a mi padre de forma irrespetuosa.

Temeroso, ¿había caído en el autoritarismo? ¿O era que los chicos, expuestos a una sociedad con distintos valores, estaban menos dispuestos a la obediencia y a aceptar que yo tuviera la última palabra? «Estáis locos. No me hacéis caso», les decía. Y no bromeaba. Pero los chicos no vivían como yo había vivido a su edad, ni siquiera como habrían vivido si hubiéramos permanecido en Pakistán. Estaban forjando, o intentando forjar, su propio camino en un mundo nuevo.

Al principio, tuvimos un problema distinto. Cuando llegamos a Gran Bretaña, los chicos estaban traumatizados, particularmente Khushal. La doctora Fiona Reynolds, pediatra de cuidados intensivos en Birmingham, que por casualidad se encontraba en Pakistán cuando Malala fue tiroteada y que había ayudado a salvarle la vida, recuerda la primera vez que vio a sus hermanos: estaban tumbados en literas en Rawalpindi, mientras esperábamos a coger el avión para ir al Reino Unido. Atal estaba casi dormido, pero Khushal, según me dijo más tarde, era el niño más asustado que había visto nunca.

Una vez en el Reino Unido, los chicos no fueron a la escuela hasta bien entrado el año siguiente de nuestra llegada. Pasaban la mayor parte del tiempo con juegos de ordenador, primero en el alojamiento del hospital y después en el apartamento en el décimo piso de un bloque de viviendas en el centro de Birmingham. No tenían nada que hacer. Se aburrían. Toor Pekai y yo solo hablábamos del tratamiento de Malala, de su recuperación. Para nosotros, no había nada más de qué hablar.

Khushal tenía trece años y gritaba a la pantalla del ordenador. Rompió ocho mandos. No recuerdo cómo llegamos a tener ocho mandos. Atal también jugaba con el ordenador, y comía chuches. Ninguno de los dos entendía nada de lo que estaba ocurriendo en sus vidas. Estaban asustados.

«Yo solo seguía a los demás. No sabía lo que hacía. Todo era cada vez más duro», así es como Atal me lo explicó más tarde. En una ocasión, en el hospital, en un momento en que Malala tenía dolores de cabeza terribles y tenía pérdidas de líquido cefalorraquídeo por los oídos, gritó: «Dame el pasaporte. Exijo mi pasaporte. Me vuelvo a Pakistán».

Todos estábamos llorando.

Como si ayudar a salvar la vida a Malala no fuera suficiente bendición, la doctora Fiona, junto con su esposo, Adrian, empezaron a organizar salidas con los chicos para irlos integrando poco a poco en el modo de vida occidental. Fueron al cine en el Bullring de Birmingham, que les dejó asombrados, y, esta vez también con Malala, al castillo de Warwick. La bala la había dejado sorda de un oído y le había cortado un nervio facial, por lo que tenía un lado de la cara caído. Era milagroso que no le hubiera afectado a la memoria ni al cerebro ni a ningún miembro. Cuando Malala empezó a recuperarse, se unió a los chicos en esas salidas. Fueron a jugar a los bolos, por ejemplo, y a Nando's, donde comieron pollo frito.

Yo debería haber visto que todo había cambiado, y que los chicos tenían que responder a su manera a ese cambio. Por el contrario, después de un año en el Reino Unido, mi relación con Khushal empezó a deteriorarse. Él no se había adaptado a la escuela tan bien como Malala y Atal, y, al contrario que ellos, seguía sin tener buenos amigos. Echaba mucho de menos su vida en Pakistán, sus viejos amigos, su cometa, la vida que había conocido. Para ser sincero, yo también echaba de menos Pakistán. Toor Pekai echaba de menos Pakistán. Malala echaba de menos Pakistán. Atal era el único que había perdido rápidamente los recuerdos que nos abrumaban a los demás y no lo echaba de menos.

Khushal también era lo bastante mayor para comprender lo que le había ocurrido a su hermana. Reflexiona mucho y es un muchacho emotivo, y se daba cuenta del odio de los talibanes. Atal, nuestro afilado y brillante dardo, era demasiado pequeño. Por suerte, no se encontraba en el autobús aquel día fatídico. Rodeado de sus nuevos amigos, aprendió inglés rápidamente. Era como si hubiera nacido en Gran Bretaña.

El trabajo escolar no parecía una prioridad. Khushal siempre estaba con esos juegos adictivos. A través de la puerta le oía hablar con alguien, pero no había nadie con él, y luego estaban los gritos. Yo pensaba: «¿Qué está haciendo? ¿Qué va a ser de este chico?» Aquello me parecía inaceptable y además temía estar perdiéndole. Quería que fuera un muchacho centrado en sus estudios y en aprender, y que dedicara a los libros al menos parte de su tiempo. Yo no dejaba de pensar: «¿Cuándo se va a hartar de esos trastos informáticos?». Sacaba lo peor de mí.

Los chicos adolescentes necesitan un mentor con quien puedan explorar quiénes son sin temer juicios ni expectativas.

En Pakistán había sido fácil para mí ser su padre. Entonces eran más jóvenes y se encontraban en el seno de una amplia comunidad de personas que compartían su cultura. Solían ir a la mezquita. Iban a casa de sus amigos y a ver a sus primos en Shangla. Estábamos rodeados de gente, hablando, cocinando, rezando, debatiendo ideas.

El cambio que supuso para nuestra familia marcharnos de Pakistán fue revolucionario, de 180 grados. Pasamos de vivir en un hogar lleno de amigos y allegados a estar prácticamente solos. Como me dijo Atal, ya no vivíamos en una cultura en la que los chicos corrían para llevar a su padre un vaso de agua. Los chicos estaban rodeados de otros muchachos que tenían relaciones distintas con sus padres. No había esa obediencia automática, ese énfasis en la autoridad. Lejos de Pakistán me di cuenta de que era un padre pashtún. Si yo había bajado corriendo de la azotea en cuanto oía a mi padre gritar: «¡Ziaaaaaaaa... udina!», mis hijos no venían cuando les llamaba.

Esto me entristecía. Me culpaba a mí mismo.

Cuando yo tenía la edad de Khushal —esa época difícil de los trece o catorce años—, tuve unos cuantos mentores que me guiaron y me apartaron del odio, de un camino peligroso. Uno de ellos fue el hermano mayor de Toor Pekai, que con su afectuosa conversación me devolvió a la seguridad cuando mis ideas iban desencaminadas.

El clérigo que me proporcionaba la instrucción islámica creía en la yihad y me estaba radicalizando. Durante un breve periodo de tiempo quise una guerra con los infieles y morir luchando. Quería ser un mártir, porque eso es lo que me estaban enseñando con la misma pasión y convicción con las que he enseñado toda mi vida, solo que en la dirección del amor.

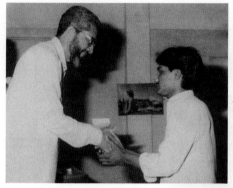

Recibiendo el primer premio
en una competición de
debates organizada en el
Jehanzeb College, Swat,
de manos del director, el
fallecido Danishmand Khan,
en torno a 1986.

El secretario de educación,
Mehmood Khan, me entrega
un premio en la ceremonia
anual del Jehanzeb College,
Swat.

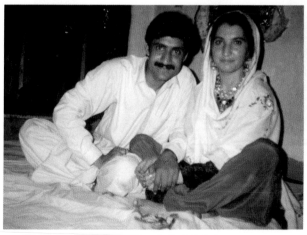

Mi esposa, Toor
Pekai, y yo, recién
casados en Shangla.

Toor Pekai y yo con Malala y Khushal en brazos en la orilla del río Swat, en torno a 2001.

Mi padre, Rohul Amin, riéndose con sus tres nietos: Malala, Atal y Khushal.

Con Atal en brazos y con Malala.

Hablando en la reunión matutina del colegio, Mingora, 2008.

La doctora Fiona, mentora de mis dos hijos, tomando *fish and chips* en los jardines del castillo de Warwick, junio de 2013.
Copyright Adrian Bullock

Nuestra familia y la de Kailash Satyarthi en Oslo después de la entrega del Premio Nobel de la Paz a Kailash y a Malala en 2014.

Comiendo mazorcas de maíz con Malala en Santa Barbara, California.

Hablando en una escuela secundaria de niñas en Masái Mara, Kenia, bajo los auspicios de Free the Children.

Construyendo un muro de una escuela en Masái Mara, Kenia, con Malala y Craig Kielburger, cofundador de Free the Children.

Con refugiados sirios en Jordania.

Con Malala en el parque nacional Masái Mara, Kenia.

Islamabad, 2018; Malala recibiendo un beso de mi madre, Maharo Bibi, con su abuela materna, Del Pasanda. Desde detrás las observamos Toor Pekai, sus hermanos y yo.

Malala con su tío, mi hermano Saeed Ramzan, en Islamabad.

Mi sobrino Mubashir Hassan con Khushal, Malala y Atal.

En nuestra antigua casa familiar en Mingora, delante de la vitrina de los premios de Malala.

2018: Un momento muy emotivo, después de aterrizar en el mismo helipuerto de Swat desde el que Malala fue trasladada a Peshawar en 2012.

Ahora vuelvo la vista atrás y pienso en el hermano de Toor Pekai y en otros amigos progresistas y en mi bondadoso padre y me digo: «¡Ziauddin, sin esta guía podrías haberte convertido en un terrorista suicida con un cinturón pegado al pecho!».

Yo necesitaba una forma de estar con Khushal, y en el momento en que perdí la fe, la doctora Fiona apareció de nuevo. Era nuestro mentor.

«Estoy en un atolladero —le dije—. Khushal la aprecia. Usted aprecia a mis hijos. Por favor, dígame qué puedo hacer».

No hay de qué avergonzarse si un padre pide ayuda. Lo hablamos y ella dijo: «Estos cambios se producen en los adolescentes y usted debe estar preparado para afrontar la situación de una manera noble y prudente. No pierda los estribos e intente no ser duro con él».

«Es un buen chico —dijo—. Es una época difícil, pero lo superará. Es inteligente, es despierto, es guapo. Se va a sobreponer. Es un chico maravilloso».

«Tiene razón —le dije—. Tiene razón».

Y después de aquello, desistí. Simplemente desistí. Dejé de hablar del trabajo escolar y dejé de esperar obediencia. Confiaba en la doctora Fiona, pero también empecé a cuestionarme a mí mismo. Quería ser un buen padre, un padre afectuoso. Pero mi método no estaba funcionando. Era muy injusto que quisiera que mis hijos vivieran una vida como la mía. Tenía claro que quería conservar la importancia de nuestros valores familiares, la igualdad, la verdad y la justicia, pero, más allá de esto, me daba cuenta de que todo lo que quería para ellos en realidad estaba relacionado conmigo y con mis aspiraciones para ellos.

ZIAUDDIN YOUSAFZAI

¿Por qué tenía que decidir yo si iban a la universidad o si leían un libro concreto? ¿O seguían una carrera determinada? Vivían en una edad y en una cultura distintas.

Había estado buscando al hijo obediente que yo había sido con mi padre, y la doctora Fiona me ayudó a ver que estaba equivocado. Mi hijo era maravilloso tal y como era, no por lo que yo consiguiese que se pareciera a mí.

Creo que nunca dejamos de ser padres y, por tanto, tenemos que cambiar o estar abiertos para adaptarnos. La doctora Fiona habló con Khushal durante horas, esperando con calma que se tranquilizara si estaba enfadado. Le escuchó, pero también le señaló lo obvio. No hay muchos estudiantes a quienes les vaya bien sin ningún esfuerzo por su parte. Si Khushal quería terminar la educación secundaria con buenas notas, iba a tener que empezar a trabajar. Como yo había dejado de preocuparme por los juegos de ordenador, Khushal se aburrió rápidamente y dejó de jugar con ellos. Ahora es mi teléfono el que siempre está sonando y recibiendo mensajes. Cuando en una ocasión pregunté a Khushal qué cambiaría de mí, dijo: «*Aba*, ¿por qué estás tan pendiente del teléfono? ¡Deja de mirarlo cuando tienes invitados! ¡Es de mala educación!». Le dije: «Khushal Khan, tienes razón. Lo siento. No puedo remediarlo». Cogió el teléfono que tenía en la mano y lo echó por detrás del sofá. Es divertido cómo se ha invertido la situación, dado lo preocupado que yo estaba en el pasado por *sus* dispositivos. Ahora, con dieciocho años, es Khushal quien me confisca el teléfono en vez de al contrario.

Con el tiempo, también empecé a comprender mejor el sistema educativo británico. Mis hijos se estaban convirtiendo en pensadores críticos. Y no siempre que utilizaban el ordenador era para jugar. Muchas veces estaban haciendo los deberes. Yo no había comprendido esto.

Dejé de preocuparme y me limité a quererlos. Fue un gran alivio.

Cuando empecé a desprenderme de mis expectativas sobre ellos y de mis antiguas ideas sobre lo que debe ser un hijo, se convirtieron en mis amigos. Mis mejores amigos. Aprendí que encontrarán la felicidad en una vida que es diferente de lo que yo he conocido, pero que seguirá imbuida de los valores de amor, bondad e igualdad que teníamos en Mingora. Comprender eso facilitó mi vida. Y nos liberó a todos.

TÚ DICES BURRITO, YO DIGO BURRITA

Es raro que me guste alguna comida que no sea pakistaní, pero durante uno de mis recientes viajes a América, el anterior director de comunicaciones del Malala Fund, Eason Jordan, me invitó a algo delicioso: una tortilla de harina rellena, que me pareció que llamaba «burrita». La tomé para desayunar en el taxi mientras nos dirigíamos al aeropuerto.

La siguiente vez que fui a Estados Unidos, nos encontrábamos todos en Los Ángeles y yo había ido al mercado con los chicos. Vi un café Starbucks y, como tenía hambre, les dije: «Voy a entrar a comprar una burrita».

«*Aba* —me pidieron—, por favor, déjalo. Es una metedura de pata. No pidas eso aquí».

Pero yo no les hice caso. «Dejadme preguntar, por favor. A lo mejor tienen». Yo era muy persistente.

Y entré y le dije a la barista: «Tienen una b-b-b-b-b-b-b-b...». Y empecé a tartamudear con esta palabra, como me suele ocurrir con los sonidos duros. La mujer era muy paciente. No se rio en absoluto. Por fin, logré soltarlo: «¡una b-b-b-b-b-b-b-b-burrita!». Estaba exultante.

Los chicos se tronchaban de risa detrás de mí. La pobre barista logró mantener la compostura, pero me dijo amablemente que, no, señor, en Starbucks no tenemos esa comida.

Cuando salimos del café, Atal me dijo: «*Aba,* has cometido tres equivocaciones». Y yo repuse: «¿Cuáles?».

Me aclaró: «Primera, has pedido comida mexicana en un Starbucks. Ahí no la vas a encontrar. Segunda, no es burrit-a, sino burrit-o. Y tercera, tu tartamudeo significaba que ni siquiera podías decir esa palabra. Has destrozado la palabra dos veces».

No paraban de reírse, y cuando volvimos con Malala y Toor Pekai, también empezaron a desternillarse. Poco después, crearon un grupo de Snapchat entre ellos con el nombre «burrit-a», del que yo entré a formar parte como miembro honorario. Yo lo pasaba bien con estas bromas y conté la historia a muchos de nuestros amigos. No tenía problema con que mis hijos se rieran de mí. Habíamos descubierto cómo amarnos unos a otros y, gracias a eso, yo también podía reírme.

Creo que cuando nos reímos de nosotros mismos nos hacemos más humanos, y estamos diciendo a nuestros hijos que no pasa nada por tener momentos débiles y aceptarlos con normalidad. Me parece importante tener sentido del humor. Si yo hubiera sido el antiguo Ziauddin, que reclamaba autoridad y exigía respeto, me habría ofendido la broma de la burrita y me habría ido a otra habitación pensando: «Yo soy el padre y vosotros los hijos. ¡Debéis ser respetuosos!». Y se habrían reído a mis espaldas. Ahora no me parece que una broma a mi costa sea una falta de respeto hacia mí. Más bien, creo que un momento embarazoso para mí se ha convertido en una historia divertida con la que todos lo pasamos bien.

LA CLASE DE MALALA

Los exámenes pueden ser estresantes no solo para el alumno, sino también para los padres.

Cuando Khushal se estaba preparando para obtener el certificado de educación secundaria hace dos años, no dije nada sobre la importancia del estudio. Había aprendido la lección y ya sabía que no debía medirle por cuánto trabajo parecía estar haciendo.

Tres meses antes de los exámenes, Khushal se puso muy serio. Esparció sus libros por los sofás del salón. Química en uno, biología en otro, con informática y estudiosos religiosos... Cuando teníamos invitados no había dónde sentarse. Yo solía decirles: «Vamos al salón porque este sofá va a tener un sobresaliente y este sofá va a tener otro sobresaliente». Y todos nos reíamos.

Entonces llegaron las notas. Fue asombroso. Realmente asombroso. Yo estaba muy contento por él.

También me sentía apenado por mi comportamiento. Mi hijo tuvo unas notas excelentes y ese potencial había estado ahí todo el tiempo. La doctora Fiona tenía razón.

Ahora soy un padre cariñoso con Khushal. Cada día viene y me da un beso en la mejilla. Es la única persona de la familia que lo hace. Malala y Toor Pekai no son tan cariñosas. Y el beso de Khushal es genuino. Es como el beso que me daba mi padre. Es igual porque está lleno de amor, aunque la relación que tenemos los chicos y yo es completamente distinta.

Hablamos sobre cómo éramos, que nos parece algo muy lejano. Khushal me ha dicho: «Nunca dejaste de darme oportunidades. Incluso cuando cometía un error, me dabas una segunda oportunidad, una tercera, una cuarta. Y creo que empecé a darme cuenta por mí mismo de que podrías tener razón». Le he preguntado cómo piensa que debe ser un padre, y me ha respondido: «Un padre debe formar el carácter de su hijo, no la mente de su hijo de acuerdo con la suya». Creo que son palabras sabias y me alegro porque ahora comprendo su significado.

No me considero autoritario, pero espero despertar respeto.

Hace poco, cuando Atal se disponía a salir, dije: «Atal Khan, ¿no debería saber los nombres de los amigos con los que vas a estar?». Y él me respondió con frescura: «*Aba*, ¿te pido yo una lista de los nombres de tus amigos?». Solté una carcajada. ¿Cómo iba a discutirlo?

En Pakistán no existe la tradición de quedarse a dormir en casas de amigos. La primera vez que Atal nos pidió que invitáramos a sus amigos a quedarse, Toor Pekai y yo estábamos confusos. Le dije: «¿Qué significa eso de quedarse a dormir? ¿Por qué quieren dormir en nuestra casa cuando ya tienen sus propias camas?». Pero Atal nos explicó: «Mirad, mis amigos vienen y duermen en nuestra casa». Y yo pregunté: «¿Por qué?» y me respondió: «Porque aquí es una tradición».

Entonces dijimos: «Ah, de acuerdo». Vinieron unos ocho chicos de distintos colores y religiones, y se quedaron despiertos hasta muy tarde, quizá hasta las tres de la mañana, hablando y jugando en la habitación de Atal, y yo estaba muy feliz.

Si esos amigos hacen feliz a Atal, entonces llenan mi casa cien bendiciones más de amor.

Amar a mis hijos incondicionalmente ha significado que ellos también me respetan de forma natural. He aprendido que la verdadera autoridad no radica en el temor, sino en el respeto. Ya no llamamos «tía» a la doctora Fiona, sino «madrina», un tributo a la orientación que sigue dando a los muchachos. El nuevo mentor de Khushal es Malala. Si en el pasado se peleaban por el mando a distancia de la televisión, ahora hablan sobre su vida, sus planes de seguirla a Oxford —«¡Si vienes, yo me marcho de allí!», le dice ella en broma— y los asuntos del corazón de Khushal. Se mandan mensajes cada día. A los catorce años, Atal, ese pequeño desobediente, es casi tan alto como Malala. «Mi hermana es brillante —dice—. No temo estar a su sombra. Lo que quiero es aprender de ella y cómo hace las cosas de esa manera especial. Quiero aprender de ella a no tener miedo. A no ser tímido y conseguir que mis palabras lleguen. La gente puede decir que estoy a su sombra, pero, tal y como yo lo veo, estoy en su clase. Estoy en la clase de Malala, aprendiendo de ella».

Mi abuelo y mi padre nunca hubieran imaginado que una chica estaría orientando a los chicos de esta manera.

Doy las gracias a Dios por estos cambios maravillosos.

Esposa y amiga

LA ACTIVISTA SILENCIOSA

A veces me pregunto qué habría sido de mi vida si Toor Pekai no hubiera sido mi esposa. Creo que habría sido difícil criar hijos como los nuestros, profundamente convencidos de la igualdad de género, porque ¿cómo iba a imbuirles esos valores e ideas si su madre no formaba parte de nuestra trayectoria familiar? ¿Cómo habría significado la igualdad algo para Malala, Khushal y Atal si hubieran visto que su madre vivía a mi sombra? No habría existido un puente entre nosotros, marido y mujer, ni un puente entre Pekai y sus hijos. En los países donde impera un férreo patriarcado, el cambio también debe venir de las mujeres. En todo el mundo hay muchas mujeres a las que se les dice desde que nacen que los hombres son más importantes. Pero llega un momento en que tienen que dejar de creer esto activamente y reclamar sus derechos. Por esto digo que Toor Pekai es mi compañera de viaje.

Toor Pekai ha sido —es— tan importante en el papel de madre porque se negó a encadenar a Malala con todas las lecciones que le enseñaron a ella de pequeña. Durante su infancia, a las niñas se las juzgaba solo por el honor que aportaban a los miembros masculinos de la familia —su padre, sus hermanos y sus hijos— y por su determinación de no avergonzar a la familia en ningún sentido. «Avergonzar» no consiste solo en actuar mal. También puede ser actuar de forma independiente. Si una chica se enamora de un muchacho que no es el elegido por sus padres y se ve con él sin acompañante se considera vergonzoso. Mirar a los ojos a un hombre que no es tu marido es vergonzoso. Según un dicho pashtún, la chica más honorable de la aldea —en otras palabras, la chica «mejor»— es la que siempre mantiene la mirada en el suelo, aunque su aldea esté ardiendo. Cuando era adolescente, Pekai preguntó a su madre: «¿Qué clase de chica no levantaría la mirada para ayudar cuando a su alrededor están ardiendo personas y hogares?». Ante esta lógica, su madre replicó: «¿Qué puedo decir, Pekai?».

Ya como mujer, Pekai también fue valerosa en el sentido de que se desprendió de las viejas ideas sobre la diferencia entre los chicos y las chicas.

En los primeros años de nuestro matrimonio, en Barkana y, poco después, en Mingora, donde realmente empezamos nuestro viaje juntos hacia la libertad, yo me afanaba por ser maestro y por fundar mi propia escuela. Pekai siempre me apoyaba. Incluso en nuestra luna de miel, que pasamos en casa de mi padre, no se quejó cuando yo me iba cada día como maestro voluntario a enseñar al instituto en el que yo había estudiado. Mirando atrás ahora, veo que esto es característico de ella. Es una roca, firme y segura de sí misma, con un corazón volcado en las necesidades de los demás.

Parecía que nunca teníamos suficiente dinero y me entristeció mucho cuando Pekai tuvo que vender sus brazaletes de boda. ¿Dónde podría yo encontrar un trabajo, una buena oportunidad de ganarme la vida y mantener a mi futura familia, sin renunciar al orgullo de aportar a mi comunidad? Parecía imposible. Ni Pekai ni yo queríamos quedarnos en Karshat o en Barkana.

Pekai me llamó «*khaista*» desde el principio de nuestro matrimonio. Significa «hermoso». Mis sobrinos también me llamaban así. Yo no soy hermoso, pero es un apodo maravilloso y todavía me gusta oírselo a Pekai. «*Khaista* —decía—, si haces todo esto por los demás, Alá cuidará de nosotros».

Después de un tiempo estudiando inglés en una conocida academia privada de Mingora, fundé mi escuela con un viejo amigo de la universidad llamado Muhammad Naeem. Más tarde, ocupó su lugar otro amigo, Hidayatullah. Era una escuela primaria mixta, un sueño hecho realidad para un hombre de clase baja como yo que creía profundamente en la educación. Solo teníamos tres alumnos. En la escuela no había ningún sitio donde Pekai y yo pudiéramos vivir como matrimonio, pero ella se unió a nosotros y nos arreglamos con dos habitaciones sucias que alquilé cerca de la escuela. Fue en ese lugar donde dio a luz a nuestro primer hijo, una niña, que nació muerta. Pekai todavía la recuerda, pálida y con la nariz fina. Yo siempre he culpado a la falta de higiene de nuestras habitaciones, pero Toor Pekai apenas se quejaba de las condiciones en que vivíamos. La escuela también era su sueño. Ella sujetaba una linterna mientras yo blanqueaba las paredes hasta bien entrada la noche.

Lo llamamos Colegio Khushal por el poeta Khushal Khan Khattak, y pintamos su lema a la entrada: «Nuestro objetivo es formarte para las demandas de la nueva era». Pero, para nosotros, la nueva era en realidad significaba pobreza. Yo estaba muy endeudado desde la universidad, y no podíamos sobrevivir con tres alumnos.

Pero estar casado con Pekai me hacía muy feliz. De niña, Toor Pekai había valorado su independencia. Tenía un carácter fuerte y le encantaba correr por Karshat, la aldea próxima a la mía, pero la adolescencia y el *purdah* habían significado que sus movimientos se habían restringido y que un velo había cubierto su rostro. El matrimonio y un hogar en Mingora, por humilde que fuera, significaban que podía volver a experimentar las libertades que había tenido en la infancia. En Mingora la vida era distinta que en Barkana en el sentido de que las mujeres parecían más libres para ir de un sitio a otro. Yo estaba empeñado en que Pekai disfrutara de la libertad que una mujer no podía tener en ninguna de nuestras aldeas. Salía a la calle sin mí y dentro de casa nos comportábamos como iguales. Si algún hombre nos criticó en mi presencia, yo no me daba por aludido.

Lo que descubrí fue que, al sentir la libertad de Pekai conmigo, yo también me sentía libre. Ella enriquecía mi vida siendo ella misma. Pekai no era una esposa que arrastrara la carga patriarcal de tener que ser «protegida», es decir, controlada. El patriarcado en el que vivíamos —el que no permite que las mujeres tengan independencia económica— obliga a las mujeres a convertirse en una carga para sus esposos y, como viudas, para sus hermanos. También las obliga a vivir atemorizadas, pensando constantemente en su honor. Pero yo confiaba en Toor Pekai y prácticamente me había liberado de las viejas ideas patriarcales.

No obstante, ahí seguían las viejas normas que me habían enseñado en la infancia, y a veces me sorprendía a mí mismo comportándome como un pashtún anticuado. De nuevo, el viejo Ziauddin luchaba con el nuevo Ziauddin. Así que yo tenía que derrotar al viejo Ziauddin y aceptar al nuevo Ziauddin, pero me llevó algún tiempo aceptar mi nuevo yo. No siempre actuaba de acuerdo con él.

En nuestro matrimonio, siempre que asomaba el viejo Ziauddin, era Toor Pekai quien le ponía en su sitio. Por ejemplo, en el primer mes de nuestro matrimonio, cuando aún vivíamos en Shangla, dije a mi amigo que viniera a visitarnos. Un pashtún tradicional no permite que sus amigos hablen con su esposa. Muy pocas veces ocurría. Yo estaba contento de que Toor Pekai hablara con mi amigo. Pekai le conocía porque vivía en la comunidad, pero nunca se habían encontrado desde que nos habíamos casado. Cuando le dije que nos iba a visitar, ella dijo que le gustaría ponerse presentable con maquillaje. Instintivamente, respondía: «¿Por qué te vas a maquillar para él?». Hablaba el pashtún que hay en mí.

Pero ella me respondió: «Tengo derecho a maquillarme. Esta también es mi casa. Si esto te resulta incómodo, ¿por qué traes aquí a tu amigo?». Yo estaba avergonzado. «Lo siento —le dije—. Tienes razón».

En otra ocasión, más adelante en nuestro matrimonio, alguien nos siguió a donde vivíamos en Mingora. Habíamos visitado a un nuevo maestro y habíamos ido y regresado en rickshaw. Incluso con mis nuevas ideas de igualdad, me sentía extraño caminando junto a Pekai por la calle. Las mujeres no salían con sus maridos. Iban con sus hermanos y padres. Yo apreté el paso para que Pekai fuera detrás de mí, aunque íbamos al mismo sitio. Un hombre nos siguió y después fue a denunciarme a la persona a la que había alquilado el edificio del colegio. Alguien llamó a la puerta. Cuando abrí, el hombre me dijo: «Alguien ha denunciado que ha traído aquí a una mujer. ¿Puede explicarme eso, por favor?». Le dije: «¡Esa mujer es mi esposa! ¡Yo alquilo este edificio! ¡No se entrometa en mis asuntos!». Yo estaba furioso, pero la incomodidad que sentía porque me vieran en público con mi esposa —que significaba un espaldarazo a su libertad— me había hecho actuar de forma culpable. Pekai estaba indignada con el hombre que nos había seguido, sospechando algún insulto a su honor, o que ella era una mujer indecente. Pero era yo quien le había fallado. Debería haber ido por Mingora caminando orgullosamente junto a ella.

En la vida de Pekai había un aspecto en el que seguía siendo tradicional. Era el velo, que llevaba en público de tal forma que le cubría casi toda la cara. Hasta que salimos de Pakistán en 2012, después del atentado contra Malala, nunca se decidió a relajar la forma en que se cubría la cara. Yo le decía: «Pekai, el *purdah* no está solo en el velo. El *purdah* está en el corazón». Cuando Malala y yo empezamos a aparecer en los medios de comunicación en nuestra campaña contra los talibanes, Pekai nunca permitía que la filmaran o la fotografiaran. La primera vez que accedió a que le hicieran una fotografía fue en 2013, cuando Malala habló ante la ONU en Nueva York el día en que cumplió dieciséis años.

Las ideas de Pekai sobre el velo estaban relacionadas con su devoción religiosa, así como con la opinión de quienes nos rodeaban. Toda su vida le habían enseñado a creer que ser una buena musulmana significa cubrirte para sustraerte a la mirada de los hombres que no son tu esposo.

Al principio, los talibanes atrajeron a seguidoras con interpretaciones tergiversadas del Sagrado Corán en las que las mujeres son sometidas, pues explotaron el deseo de las mujeres de ser buenas musulmanas.

Cuando el líder talibán, el maulana Fazlullah, utilizó una emisora de radio ilegal para dirigirse directamente a mujeres devotas analfabetas como Pekai, sabía que podría convencerlas de que renunciaran a sus derechos humanos básicos haciéndolas creer que si ponían en duda lo que decía, no eran devotas. Pekai, como muchas mujeres en Mingora, al principio era seguidora de Fazlullah. Pero ¿por qué iba a desagradar a Dios la educación de las niñas? Y después, ¿cómo iba a permitir que los talibanes utilizaran su nombre para destruir más de cuatrocientos colegios? Pekai en seguida rechazó los sermones de Fazlullah, al contrario que muchas mujeres de su entorno.

En lo que se refiere al velo, Pekai temía el juicio de otras mujeres, y con razón. En nuestra comunidad, las mujeres juzgaban porque veían que los hombres que las controlaban a ellas juzgaban. Así es como funciona el condicionamiento social.

Pekai siguió cubriéndose la cara, pero sigo pensando que, a su manera, era la mujer más valiente de Mingora. Sin Pekai yo no habría dado ningún paso adelante en mi vida. Como ella siempre estaba junto a mí, animándonos a Malala y a mí, sentíamos que no estábamos solos en nuestra campaña por la educación de las niñas. «El activismo de Malala es la voz de mi corazón», decía Pekai. Y eso era recíproco. Sin mí —un marido dispuesto a considerar a su esposa como su igual—, en tanto que mujer que vivía en una sociedad patriarcal, Pekai tampoco habría podido sentirse libre.

Es cierto que Toor Pekai necesitaba mi apoyo y mi respaldo, lo mismo que muchas jóvenes como Malala y mujeres en las sociedades patriarcales necesitan el apoyo de sus padres o esposos para que sus vidas sean diferentes. Es el contexto cultural de sus países. Creo que no tiene nada de malo que muchachos y hombres comprendan que tienen la responsabilidad de contribuir a la igualdad. Cuando se dan cuenta de lo que afrontan las mujeres, cuando toman medidas para hacer más fácil la vida de mujeres y jóvenes, no están mostrando paternalismo hacia ellas, sino más bien ofreciéndoles un apoyo muy necesario y basado en los valores de la decencia y la humanidad.

En los comienzos de nuestro matrimonio, la forma en que vivíamos atrajo críticas. Y cuando Malala nació en julio de 1997, dos años después del bebé que nació muerto, yo puse su nombre en el árbol familiar, la primera niña en trescientos años, lo que también provocó críticas. Hubo parientes, tanto lejanos como próximos, que no celebraron su nacimiento ni miraron su cuna porque era una niña. El interés —o su indiferencia— por Malala se convirtió para mí en una piedra de toque. Cuando Pekai me decía que alguien venía a visitarnos, yo preguntaba de inmediato: «¿Quiso ver a Malala?». Si la respuesta era negativa, esa persona para mí era como si no existiera.

Aunque yo no quería provocar una revolución o suscitar una disputa, a veces hay que trazar una línea entre lo que nos resulta aceptable y lo que no. ¿Tratar a Malala con indiferencia debido a su género? Eso no podía tolerarlo.

Pero Dios estaba con nosotros. Fue mi amigo Hidayatullah quien se dio cuenta de que, al nacer Malala, cambió nuestra suerte con la escuela. Fue como si nos hubiera traído una racha de buena suerte. En cuanto a mí, ahora que tenía a dos mujeres maravillosas en mi vida, era más feliz que nunca.

A Pekai le importaba tanto como a mí que las niñas de Mingora cuyos padres no podían permitirse su educación pudieran formarse en el Colegio Khushal. Ella lamentaba profundamente su falta de formación y no quería que eso se repitiera en la siguiente generación. Nuestro colegio no era gratuito, pero tratábamos de aceptar tantas niñas como fuera posible de familias que no podían permitírselo. Era un equilibrio delicado, y no siempre exento de fricciones.

Para cuando Malala y los chicos iban a la escuela, el Colegio Khushal empezaba a no tener pérdidas. Yo ya no me veía obligado a ser el bedel, además del contable y del director. Tenía ochocientos alumnos en tres edificios, la escuela primaria original, un instituto para jóvenes y otro para muchachos. Inicialmente, había abierto un instituto en 2003, pero el clima patriarcal de impedir que las jóvenes tuvieran contacto con chicos imposibilitó que pudiera haber clases mixtas. Recibí muchas quejas de padres sobre esto y, sintiéndolo mucho, al final tuve que separarlos. Para entonces, Hidayatullah y yo ya no estábamos asociados, por lo que yo era el director de los tres colegios, aunque más tarde Madam Maryam me ayudó como directora del instituto de chicas.

La misión de Pekai era conseguir que fueran al colegio tantas niñas como fuera posible. Esto la convirtió en una poderosa activista local.

Muchas madres que veían positivo que sus hijas fueran a la escuela —aunque no fuera más que por unos años— primero acudían a Pekai cuando tenían dificultades económicas, bien para pedirle que intercediera a fin de que sus hijas pudieran estudiar gratuitamente, bien para exponerle que ya no podían permitirse pagar. Pekai era una gran valedora de estas mujeres. Su éxito se basaba en el hecho de que todo el mundo sabía que yo la escuchaba y muchas veces hacía lo que ella pedía. Esto era insólito entre marido y mujer en nuestra comunidad. Normalmente era la esposa la que hacía lo que el marido le pedía. Más adelante, Malala se le unió en el *lobby* de las plazas gratuitas.

Los padres venían a hablar conmigo al colegio, pero las mujeres sabían mejor lo que hacían. Iban a ver a Pekai a nuestra casa, una serie de pequeñas habitaciones sobre el colegio. La escena podía ser algo así: una madre con hijos en la escuela decía: «Ay, *bhabi*, no podemos seguir pagando estas mensualidades. Es demasiado. Por favor, ayúdanos para que se nos reduzca». Y Pekai diría: «De acuerdo, hablaré con él». Yo llegaba a casa del colegio y ella me decía: «Aquí tienes los recibos con las mensualidades que paga esta familia por sus hijos. *Khaista*, por favor, redúceselas». Y yo decía: «De acuerdo, aquí pone doscientas rupias. Se lo dejaremos en ciento cincuenta». Pero Pekai no se daba por satisfecha: «¡Sigue siendo demasiado! ¡Hay que reducírselas mucho más!».

En Nuevo Año desfilaban muchas mujeres por nuestra casa porque era el momento en que se añadían varios extras a los recibos. No es que yo quisiera ganar dinero, pero tenía que pagar los materiales y los sueldos, y tranquilizar a Madam Maryam, que tenía la responsabilidad de llevar sus propios libros. Madam Maryam venía a verme y decía: «Señor, Toor Pekai ha vuelto a admitir a niñas nuevas», o «Ha prometido que la escuela les pagará los libros. Parece que mi colegio también lo dirige la "Fundación Toor Pekai"».

Cuando hablé con Pekai sobre la necesidad de cubrir los gastos del colegio y que temía perderlo en caso contrario, ella respondió con calma: «Alá no permitirá que el colegio se arruine si ayudas a estas niñas». Ella estaba completamente convencida de esto, y era cierto. El colegio nunca se arruinó.

Cuando la gente piensa en nuestra familia, considera a Malala una de las activistas más poderosas del mundo por el cambio social, porque lo es. Y después de ella, quizá se acuerdan de mí porque, cuando era pequeña, en su campaña era yo quien estaba a su lado. Ahora seguimos trabajando juntos en pro de la educación de las niñas. Ahora mi trabajo es ser su padre y estoy muy feliz por ello. Pero cuando pienso en Malala y en las bases de su activismo, también pienso en Toor Pekai. Pienso en la madre de Malala. El activismo de Toor Pekai es instintivo y espontáneo, y se basa en una intensa fuerza moral. Su convicción de que hay que ayudar a los demás, ser una buena persona, tiene su origen en quién es, de dónde viene y en su fe religiosa. Creo que necesitamos más activistas como ella.

En aquellos días, Pekai no se habría denominado activista, aunque ahora sí se ve a sí misma de esa manera. Hoy, colabora para ayudar a las familias de Pakistán que han venido a Birmingham después de que los talibanes atacaran la escuela del ejército de Peshawar, donde asesinaron a ciento treinta y dos niños y siete profesores. Prendieron fuego a una maestra delante de los niños. Pekai se dedica a apoyar a dos niños supervivientes que ahora viven en Birmingham, junto con un tercer niño que sobrevivió a otro atentado talibán en Pakistán. Intenta que sus vidas sean más llevaderas con amistad y compasión. Creo que, como seres humanos, es nuestra bondad lo que nos distingue de otras criaturas del mundo. Vemos peleas de perros y animales salvajes que se destrozan unos a otros en la selva, el pez grande que se come al pequeño, pero cuando los seres humanos actúan con odio y violencia, como hacían los talibanes, es necesario que los demás continuemos, que intentemos vivir con amor y compasión, y arrojemos la inhumanidad a las tinieblas.

Desde entonces he reflexionado sobre cómo nos describen los demás, qué etiquetas usan. Muchas veces esas etiquetas proceden de Occidente. Toor Pekai y yo éramos «voluntarios» antes de que conociéramos el concepto mismo, una palabra que aprendí en América. Y, como ya he dicho, solo conocí la palabra «feminista» después de vivir en el Reino Unido. Durante más de cuarenta años viví esa palabra, pero no la escuché.

Pienso que Toor Pekai fue una activista adelantada a su tiempo. ¿Qué es el activismo? Comienza cuando la finalidad de tus actos es ayudar a los demás. Cuando Malala y los niños eran pequeños, veían a Pekai tender la mano a personas fuera de nuestra familia, a gente que conocía e incluso que no conocía. Llenaba nuestro hogar con su bondad primordial. Siempre estaba ayudando a alguien, dándole de comer, proporcionándole un lugar donde dormir, apoyándole, aunque a ella no le sobrara nada. Ayudar a una persona puede ser tan importante como motivar a un ejército.

Cuando vuelvo la vista atrás a aquellos años y veo el empeño de Toor Pekai por conseguir que otras niñas como Malala pudieran estudiar, por ayudar a los demás, me pregunto si no debería haber motivado y ayudado a Pekai a volver a un aula. Una de las muchas preguntas que se hacen sobre nuestra familia es: «¿Cómo podían Malala y su padre defender tan apasionadamente la educación cuando Toor Pekai era analfabeta?». Espero poder responder a esta pregunta haciendo justicia a Toor Pekai. Se lo he preguntado y esta es su respuesta: «Yo tenía todas las libertades que deseaba. Te amaba a ti y amaba a mis hijos. Era feliz. Esa fue mi decisión».

Es un triste hecho que en Mingora, antes de la talibanización, la falta de educación formal de Pekai no tenía consecuencias en su vida. Muchas mujeres no habían ido a la escuela. Lo que hacía distinta a Pekai era que podía ejercitar su inteligencia a través de su libertad de movimiento. Como un amigo me dijo en una ocasión: «Aunque Toor Pekai no haya estudiado, su mente está educada». Y después, tras la talibanización, ni siquiera podían ir a la escuela las niñas en edad escolar, mucho menos mujeres adultas como Pekai.

119

Como les ocurre a muchas madres en todo el mundo, el momento en que Pekai se sintió dispuesta a empezar algo nuevo llegó cuando Atal comenzó a ir a la escuela y dispuso de más tiempo para ella. En 2012, unos meses antes del atentado contra Malala, Pekai había empezado a tomar lecciones de lectura y escritura de inglés con la señorita Ulfat, una maestra de primaria del Colegio Khushal.

Cuando los talibanes llegaron a Mingora, Pekai no tenía experiencia de hablar en público en una tribuna, ni seguridad para expresar sus ideas sobre la necesidad de educar a las niñas. Tampoco tenía la audacia cultural de Malala, pero ella estaba feliz de que Malala y yo exteriorizáramos lo que ella sentía que no podía expresar públicamente, ante las cámaras de televisión u otras audiencias. Nosotros éramos quienes dábamos voz a su corazón y su mente, y por eso nos prestaba un gran apoyo, sin imaginar en ningún momento que los talibanes vendrían por su hija.

CUANDO LOS PÁJAROS DEJARON DE CANTAR

Hoy, una vez más, la sangre se ha derramado en mi ciudad.
Un hermano ha cometido un crimen de honor.
Un hermano ha asesinado a su hermana.
Ha seguido los pasos de Caín,
que mató a su hermano Abel por envidia.

Hoy, una vez más, la sociedad se ha enfrentado al amor.
La costumbre se ha enfrentado al amor, la tradición se ha
enfrentado al amor.
Hoy, una vez más, los celos han vencido al amor.
Y los amantes están turbados.
Los niños, asustados.
La gente huye aterrorizada.

Hoy, una vez más, la sangre se ha derramado en mi ciudad
y el universo ha temblado.
Los pájaros han dejado de cantar
pues los hermanos convierten en funerales las bodas de sus
hermanas.
En vez de enviarlas a sus nuevas familias,
los hermanos envían a sus hermanas a la tumba;
en vez de seguir a una novia, siguen un ataúd;
en vez de dar una dote, derraman sangre;
en vez de amor, crimen;
en vez de honor, vergüenza.

Ziauddin Yousafzai, «Crimen de honor», 1994

Han pasado veinticuatro años desde que escribí este poema. Me impulsaron a escribirlo una joven de Mingora y su enamorado, que fueron asesinados delante de la casa de ella. Me parecía que el asesinato de mujeres en mi comunidad era la prueba concluyente de la crueldad de la sociedad hacia ellas, de la injusticia de sus vidas. El impacto que esos crímenes de honor tuvieron en mí se intensificó con el paso del tiempo, debido al cariño que tenía a Toor Pekai y a Malala. Hechos como aquellos no eran frecuentes, pero había los suficientes como para que nunca me permitiese pensar que pertenecían al pasado. Cada vez que se producía un crimen de honor, se hacía más firme mi decisión de ser un nuevo tipo de hombre.

Toor Pekai y yo hablamos cada día con nuestros amigos y allegados en Pakistán. Hace poco nos contaron acerca de una mujer que había encontrado el amor fuera del matrimonio. Hacía veinte años que se había casado muy jovencita con un hombre mayor. Había ocupado el lugar de su primera esposa y fue una nueva madre para sus hijos. La mujer desapareció y se supo que se había escapado. La familia de su marido la encontró y la trajo a casa con él. «Por favor, no le hagáis nada. Para mí, está limpia. No hay ninguna vergüenza», dijo a los miembros masculinos de la familia de la mujer. Fue entonces cuando Toor Pekai oyó hablar de la mujer, cuando se había convertido en la vergüenza de su familia.

Por un breve momento, el futuro de la mujer fue incierto. Su esposo había pedido compasión, pero no era él quien tenía que decir si había habido deshonor. Se convocó una reunión de ancianos.

Yo siempre digo que si Toor Pekai ha derramado cien lágrimas, noventa y cinco han sido por los demás, no por ella misma. Pekai estaba muy preocupada y organizó su propia campaña para salvar la vida de la mujer. Desde nuestra casa en Birmingham llamó a todo el mundo que pensó que podría ayudar a impedir que ocurriera lo que temíamos. «Por favor, no se lo permitáis —oí que decía—. No pueden apelar al honor con ese acto indigno. Que no lo hagan. Es inhumano. No es honor».

Me pidió que yo también hiciera llamadas, y así lo hice. Contacté con alguien que conocía que pensé que tendría cierta influencia. Tan lejos, me sentía inerme. Si hubiera estado allí, me habría dirigido directamente a la familia, pero no podía hacerlo viviendo en Birmingham. «Tengo las manos atadas», me dijo mi contacto.

Al día siguiente, sonó mi teléfono. Era un contacto en Pakistán. «Lo han hecho —dijo—. La han matado esta noche». La mujer fue estrangulada. Cuando me llegó la noticia, estaban haciendo los preparativos para enterrarla.

Toor Pekai y yo lloramos durante una semana. No podíamos dormir. Salvo cuando dispararon a Malala nunca nos había traumatizado nada de esa manera. Oí que la policía pakistaní estaba haciendo averiguaciones, pero, por lo que yo sé, no se ha detenido a nadie. Los crímenes de honor son contrarios a la ley en Pakistán, pero en las zonas rurales es una ley que apenas se aplica.

Yo defino «amor» como libertad. La situación de las mujeres puede cambiar si pensamos de otra manera, si rompemos algunas normas de la familia y la sociedad, y los gobiernos de esa sociedad abolen leyes discriminatorias que van contra los derechos humanos básicos. Por decirlo con claridad: hace falta valor tanto de los hombres como de las mujeres.

A algunos hombres les causa vergüenza o sonrojo creer en el empoderamiento de las mujeres. Hay muchos hombres que están dispuestos a pensar de otra forma sobre el futuro de sus hijas, pero los hay que alientan la libertad de sus hijas sin reconocer el cambio en ellos mismos. Esos hombres creen en la igualdad y, sin embargo, no lo proclaman, cuando es necesario proclamarlo porque la misoginia sigue ahí, en todas partes. Unas veces, en bromas; otras, en sutiles comentarios de pasada. Pero todo tiene el mismo origen: un lugar en el que a las mujeres no se las considera como a iguales. Cuando llegué a Birmingham, un taxista pakistaní que me llevaba a la estación de New Street quiso darme un consejo: «En este país hay tres cosas en las que no debe confiar. Las tres W».

Respondí: «¿Qué cosas son esas?». Y me dijo: «El tiempo, el trabajo y las mujeres*».

Le dije: «Bueno, puedo estar de acuerdo en dos, pero no en las tres. O sea, uno puede tener trabajo y perderlo. Estoy de acuerdo con usted en lo del tiempo, porque aquí, en el Reino Unido, llueve por la mañana y por la tarde hace sol. Pero ¿las mujeres? ¡Con eso no estoy de acuerdo! Dígame usted con sinceridad. Está casado y tiene una esposa. ¿Quién es la persona más leal de su familia, la más afectuosa en el matrimonio: usted o su mujer?». Entonces se rio nerviosamente con vergüenza. «Sí, tiene razón, mi esposa es leal y afectuosa con nuestra familia».

¿Por qué un hombre que era feliz en su matrimonio me dijo eso sobre la tercera W?

«¿Por qué dice eso cuando usted ama a su esposa, que es una fuerza del bien en su familia?», le pregunté.

«No es más que un dicho ¡y toda la gente lo repite!».

---

* *Weather, work* y *women* en inglés. [N. de la T.]

Entonces le dije: «¡Pues no haga usted lo mismo! Es propaganda de los hombres, un código masculino. Advierta sobre dos W —el trabajo y el tiempo— y una H ¡el hombre!».

LLORAMOS COMO LLORAN LOS NIÑOS

Los comienzos y el primer año o dos de nuestra vida en el Reino Unido fueron difíciles para nosotros. Después de que dispararan a Malala lloramos más de lo que creía posible. Además de las lesiones en el oído y en la cara, hubo que extraerle un trozo de hueso del cráneo y alojarlo en su estómago para conservarlo, porque se le hinchó el cerebro. Ahora tiene una placa de metal en vez de ese trozo del cráneo, que al final no pudo utilizarse.

Cuando Malala se encontraba en el hospital en Birmingham, nosotros, a su lado, veíamos su preciosa cara desfigurada. Lo más triste y terrible era el lado izquierdo de la cara sin movimiento. Tenía parálisis. Nuestra hermosa Malala parecía otra niña. No podía sonreír ni reírse, y yo miraba a Toor Pekai con ella y veía cómo las lágrimas le caían por las mejillas hasta el velo. Malala recuperaría la sonrisa más adelante, al año siguiente, después de someterse a una delicada operación, pero al principio había muchas incógnitas.

Creo que un trauma puede unir a un matrimonio o separarlo. En nuestro caso, el trauma de estar a punto de perder a Malala reforzó nuestro matrimonio, aunque vernos tan cerca de perder a nuestra hija nos hizo sentir que nuestras vidas estaban acabadas.

Al principio vivíamos en el hostal adjunto al hospital y después nos mudamos a nuestro apartamento en el décimo piso de un edificio en el centro de la ciudad. Nos mudamos dos veces más después de aquello. En los primeros días en el Reino Unido, Toor Pekai miraba por la ventana y veía a las mujeres por la calle, caminando libremente en el frío aire nocturno, pero con muy poca ropa en comparación con la que llevaban en los mercados de Mingora. Y lloraba de miedo y perplejidad. «*Khaista*, esas mujeres se van a helar de frío».

Si no derramé lágrimas cuando me enteré de que habían disparado a Malala, ahora Toor Pekai y yo llorábamos juntos muchas veces toda la noche. Llorábamos como lloran los niños. Nuestras lágrimas eran incontenibles. Los sollozos nos estremecían. Era como si el dolor fuera una suerte de trueno. La vida de Malala podía verse condicionada de muchas maneras: parálisis en un lado de la cara, incapacidad para hablar, memoria limitada. No obstante, por la mañana, nos levantábamos e íbamos a ver a Malala en su cama, para pasar junto a ella otro día lleno de profunda esperanza y un temor atroz a recibir más malas noticias.

Todas las decisiones sobre el bienestar de Malala las tomábamos juntos Toor Pekai y yo. Toor Pekai me necesitaba como traductor porque no entendía lo que nos decían los médicos ingleses. Más adelante, la doctora Fiona se disculpó por haberme pedido que le confirmara que Pekai estaba tomando parte en las decisiones que se tomaban. Me dijo que muchos hombres no hacían partícipes a sus esposas. Pero, en nuestro caso, no se tomó ninguna decisión sin que el otro estuviera de acuerdo, incluso en las cosas más nimias como recogerle el pelo a Malala. Lo cierto es que no sé qué habría hecho sin Toor Pekai.

Con mi temor de perder a Malala sentía una culpa terrible por no haber impedido su activismo. Fue Toor Pekai quien me sostuvo durante ese tiempo en que yo estaba como atrapado en un bucle.

Examinaba mis intenciones una y otra vez. ¿Cuáles habían sido mis objetivos y mis fines? ¿Qué me había propuesto defender? ¿Hacia qué había estado trabajando que mereciera el sacrificio de mi hija? ¿Cómo pude haber cometido un error de cálculo de ese calibre? ¿Por qué no había detenido a Malala? Su voz no había sido imprescindible para mi campaña, pero la había animado a hablar porque pensaba que tenía derecho a hacerlo, si quería. Habíamos actuado juntos, unidos. Pero esa lucha casi termina con el cadáver de mi hija.

De día y de noche no dejaba de dar vueltas a esos argumentos.

Toor Pekai era mi brújula moral. Fue ella la que me salvó del colapso mental. Si ella hubiera dicho: «¡Sí, fue culpa tuya! ¿Cómo pusiste en peligro la vida de tu hija por una causa más imporante!», ¿cómo podría haber soportado escuchar algo así de la mujer más próxima a mí? Pero nunca oí una sola palabra de reproche de Toor Pekai, porque ella se daba cuenta de forma instintiva de la pureza de nuestras intenciones. Ella había visto la fuerza de voluntad de Malala. El activismo contra los talibanes no era solo algo de Malala y mío, sino que también participaba Toor Pekai. Ella había estado junto a nosotros. En aquellos momentos sombríos después del atentado, Pekai me recordó que nuestra lucha había sido de corazón. Había sido tanto de Malala como nuestra. Era el plan de Dios.

Hay quien me ha preguntado: «¿Le ha dicho Malala alguna vez *"Aba*, deberías haber impedido que hablara públicamente"?». Y la respuesta es «nunca». En el fondo es una suerte que Malala no recuerde nada de cuando le dispararon. Han pasado seis años desde entonces y no he oído un solo suspiro, una sola palabra, explícita o implícita, de que hubiera alguien más responsable de todo por lo que pasó. Ni siquiera menciona al joven que apretó el gatillo.

Pekai y yo vivimos cada día con el trauma de que casi perdemos a Malala. Siempre está ahí. El tiempo lo va curando, pero nunca llega a desaparecer. El dolor y el miedo que despiertan la posibilidad de que un hijo muera son tan profundos que dejan una cicatriz. Todo lo que tengo para contrarrestarlos es mi determinación da amar profundamente a Dios y darle las gracias: Dios nos devolvió a Malala. Nos restituyó su vida. Y nosotros nos aferramos a esto juntos, como familia. Somos seres humanos, profundamente comprometidos con los derechos humanos. Creemos en lo que hacemos y hacemos aquello en lo que creemos. Así de sencillo. Fue la respuesta moral de nuestra familia a una situación que se nos impuso. Doy gracias a Dios de que Él fuera testigo de la pureza de mis intenciones.

Pekai me ha ayudado a aceptar que nuestra familia no debe culparse a sí misma del atentado talibán contra Malala simplemente porque quería estudiar. Malala no creó un ejército. No levantó un arma. Alzó la voz, algo a lo que tiene derecho.

En cuanto nuestra vida se fue estabilizando en Birmingham, se vio claramente que el hecho de que Pekai no supiera inglés tenía consecuencias en todo. Apenas lo hablaba, por lo que se encontraba muy aislada. Además, tenía pocas amigas pakistaníes. En Mingora nuestra casa había estado llena de gente, pero en Birmingham, al principio, nos daba la sensación de que estaba vacía. En cuanto Malala se recuperó, ella y los chicos empezaron a ir al colegio durante el día. Yo tenía que viajar frecuentemente debido a mi trabajo como agregado de educación del gobierno pakistaní. Y en las vacaciones viajaba con Malala para el Malala Fund que se creó después del atentado o para participar en la campaña publicitaria de su libro *Yo soy Malala* o de la película documental *Él me llamó Malala*. Me encantaba viajar con Malala porque era como había sido en el pasado, los dos juntos, codo con codo.

Dábamos las gracias a Dios de que Malala hubiera sobrevivido. Pekai decía: «Estamos aquí, estamos vivos, estamos juntos». Nunca se quejaba de tenerse que quedar sola con los chicos. Pero esto tampoco significa que estuviera feliz con su nueva vida en el Reino Unido. Con frecuencia le oía decir por teléfono a una amiga de Swat: «¿Por qué no tengo estudios? ¿Por qué es mi vida tan difícil? No entiendo nada». A veces la veía dando vueltas por el jardín con los restos de la cena. Al no tener que alimentar a nadie de nuestra comunidad, dejaba la comida a los pájaros, pero estos no estaban acostumbrados.

Una de las primeras expresiones que Pekai aprendió a decir fue «top up», porque así podía comprar una tarjeta de prepago con crédito para su teléfono móvil y llamar a sus amigas y parientes en Pakistán. Todos echábamos de menos Pakistán, pero Pekai debía acostumbrarse a muchas cosas básicas de la vida británica, como el transporte y los calendarios, que a los demás nos resultaban mucho más sencillas. No sabía deletrear su nombre en inglés. Cuando tenía que rellenar formularios no sabía la fecha de su nacimiento. Además de la confusión general cotidiana, Pekai tenía unos dolores de cabeza terribles que, según el médico, eran reacción al trauma del atentado contra Malala.

A pesar de los dolores de cabeza, Pekai se matriculó en un curso de inglés para extranjeros. Yo me esforzaba por traducirle todo, y Malala también, pero no estábamos siempre con ella. Cuando había que hacer la compra procurábamos ir juntos. Yo me daba cuenta con tristeza de que, al principio, su vida en el Reino Unido era lo contrario de la independencia que había tenido en Pakistán. Pekai no podía ser libre en Birmingham por la barrera del lenguaje y por sus temores.

En la formación de Pekai ha sido muy importante su tutora, Janet Culley-Tucker. La conoció en la clase de inglés para extranjeros, pero, al comienzo, ese curso era demasiado para Pekai. Sus migrañas eran muy fuertes. No obstante, siguió en contacto con Janet y unos meses después reanudó las clases en casa.

Janet sigue viniendo a casa para enseñar a Pekai, pero no profesionalmente, sino más bien como amiga. Para Pekai es muy importante el tiempo que pasa con Janet. A veces se la lleva arriba, a nuestra habitación, donde pueden trabajar sin que las moleste el ruido de la casa. Fue Janet quien enseñó a Pekai a leer y a escribir la palabra «educación».

Janet vio desde el principio que Pekai, como los demás miembros de la familia Yousafzai, era muy competitiva. Quería aprender a toda cosa. Poco a poco fue recuperando la confianza. Ahora casi siempre tiene sus libros a mano y pregunta a quien viene a casa si puede ayudarla con la conversación. Esta firme determinación nunca la abandonó; solo hubo de superar la prueba de una nueva forma de vida.

Janet ponía a Pekai deberes basándose en la idea de «experiencia del lenguaje», una técnica de enseñanza que busca relacionar todo lo posible el lenguaje con la vida del alumno. Pekai siempre hacía bien los deberes, pero me di cuenta de que en ellos describía a Malala como «una alumna de diecisiete años» y que la información sobre los chicos se limitaba a sus frutas, colores y *hobbies* favoritos.

Esas descripciones eran muy buenas por la precisión del vocabulario y la gramática, pero no revelaban casi nada de lo que nos había ocurrido, lo que me hizo muy consciente de lo ardua que estaba siendo para mi esposa la experiencia de vivir en un país cuya lengua no hablaba. Aparte de nosotros, no podía comunicar a nadie los complejos pensamientos de su cabeza y las emociones de su corazón. En Birmingham muchos alumnos adultos son inmigrantes de primera generación cuyos hijos han nacido en el Reino Unido. Estos niños son británicos y sus madres todavía están aprendiendo a leer y a escribir en inglés sus nombres y los nombres de sus hijos. La determinación de Pekai de lograrlo era otra cosa que hacía que me sintiera orgulloso de ella.

En Pakistán hay un hombre brillante llamado Rafiullah Kakar que estudió en Oxford con una beca Rhodes. Comenzó una campaña, #WeRejectPatriarchy, dirigida a los hombres, en la que les pedía que escribieran: «Mi nombre es... El nombre de mi esposa es...». Rafiullah Kakar puso en marcha esa campaña después de celebrar el éxito de su pareja revelando su nombre e ID en Facebook. Aparte de los comentarios de apoyo que recibió, los hubo de crítica y también de quienes le aconsejaban precaución sobre nombrar a su pareja. En respuesta a la crítica, lanzó la campaña y escribió: «Es una vergüenza que en el siglo XXI, los hombres, en particular los pashtunes y los baluchis, ni siquiera podamos revelar los nombres de las mujeres de nuestra familia, y mucho menos empoderarlas. Nos encontramos al menos quinientos años por detrás del mundo civilizado. Lo que yo he sufrido es lo mismo que cualquier otro varón pashtún o baluchi que trate de cambiar el *statu quo*».

Fue muy conmovedor leer algunos de los comentarios que siguieron a este texto en apoyo de #WeRejectPatriarchy. Por mi parte, yo escribí el siguiente post con gran orgullo:

> Soy Ziauddin Yousafzai. Me enorgullezco de estar casado con Toor Pekai Yousafzai. Toor Pekai es ama de casa y estudiante.
> #WeRejectPatriachy.

No hace mucho, Pekai y yo estábamos en un supermercado haciendo la compra. Yo empujaba el carrito mientras Pekai iba cogiendo los productos. Cuando fuimos a pagar, me puse a la cola. Alguien me dio un golpecito en el hombro. Era Pekai.

«Estamos en la cola equivocada», me dijo.

«¿Por qué? Vamos a pagar», le contesté.

Pero ella negó con la cabeza y señaló un letrero en el que ponía: «Cestas».

Se la veía contenta: «Tienes un carrito, no una cesta. Tienes que ir a la cola de los carritos».

Fue un detalle pequeño y, sin embargo, simbolizaba muchas cosas. La abracé con fuerza y le dije: «Pekai, me haces tan feliz... Nunca dejo de estar orgulloso de ti».

Bueno, pues a Toor Pekai le gusta ir de compras. Me parece que tengo una deuda de gratitud con todas las tiendas del Bullring de Birmingham por ayudar a Pekai a sentirse más en casa en el Reino Unido. Reconozco que, después de seis años aquí, muchas veces no me aclaro con la ropa adecuada. Si tengo que ir a reuniones o actos, con frecuencia hay un tipo de ropa recomendado: elegante, informal elegante, traje de negocios, formal, esmoquin. ¿Qué significa todo eso? En Pakistán llevaba un simple shalwar kamiz, pero aquí Pekai me dice que los pantalones deben hacer juego con el suéter y que en algunas ocasiones debo llevar pantalones elegantes y camisa sin corbata, pero una chaqueta clásica, y que el color y el dibujo de la camisa deben conjuntar con los pantalones. A mí me parece imposible conjuntar los colores de todo esto, pero Pekai siempre está ahí con una opinión. De todas formas, lo cierto es que a Pekai le encantan los nuevos dilemas con la ropa porque le ofrecen otra posibilidad de ir de compras.

A Toor Pekai le gusta tanto ir de compras, sobre todo vestidos, bolsos y zapatos, que todos le gastamos bromas sobre ello. Creo que sería feliz comprando cada día y, lo mejor, subiendo y bajando las escaleras mecánicas del Bullring. Yo no puedo pasar diez minutos con ella así. A veces parece que solo subimos y bajamos, subimos y bajamos, y le digo: «¡Pekai, por favor! Necesito una taza de té». Hace poco un amigo me dijo: «Pero Zia, ¿no se cansa Pekai después de un día entero de un sitio para otro?». Y le dije: «¿Cansarse? ¿Estás de broma? Si Pekai se pasara comprando cinco días, al quinto estaría tan fresca como si acabara de darse una ducha. Va de compras para refrescarse. Nunca se cansa».

Pero la verdad es que me parece adorable que Pekai sea así. Es muy generosa y entusiasta cuando sale a comprar. Es posible que sea un signo de que por fin se encuentra en casa y de que su inglés es lo bastante bueno. Se siente tan libre como en los mercados de Mingora y, como entonces, nada le hace más feliz que comprar para otras personas a las que piensa que puede ayudar. También me demuestra que los miembros de una pareja pueden ser compañeros perfectos, aunque algunos de sus intereses estén en polos opuestos. Yo odio ir de compras —lo odio—, pero amo a Toor Pekai.

Ser la madre de Malala ha cambiado la vida de Toor Pekai, no solo porque ya no vivimos en nuestro país. Malala es una figura global y una consecuencia de esto es que Pekai también es el centro de atención algunas veces. Con el tiempo ha aprendido que, en vez de permitir que esas apariciones públicas le presenten el dilema de cuánto debe cubrirse la cara con el velo puede dar utilidad al hecho de ser la madre de Malala. Actualmente se siente a gusto delante de las cámaras —el velo siempre le cubre el cabello, pero ya no el rostro—, concede entrevistas a periodistas y toma parte en mesas redondas con la ayuda de un intérprete. Esto habría sido impensable hace cinco años. Como consecuencia, creo que Pekai se está haciendo muy influyente entre las mujeres sencillas de nuestro país. Esas mujeres podrían ver ahora a Malala como en el pasado quizá vieran a Benazir Bhutto, como miembro de la élite instruida, aunque Malala no proceda de ella. Pero en Pekai ven a una mujer de una aldea del norte de Pakistán, sin estudios formales, que ha educado a una hija para que alcance todo aquello con lo que soñaba. Cuando Pekai habla, esas mujeres oyen a una mujer como ellas, una mujer del pueblo que habla con voz propia y que reclama derechos para sí misma y para su hija.

Cuando Pekai era pequeña jugaba con sus primas a predecir su futuro. Una de las niñas imaginó que se casaría con un viudo, tendría hijos y además sería la madre de los de este, y cocinaría y limpiaría para una gran familia. La segunda niña se imaginaba una vida más bien solitaria y, cuando le llegó el turno a Pekai, dijo: «Sueño con estar en una ciudad, no aquí en Shangla, y que me traigan carne al grill y chapatis del mercado. Me encantaría».

Hasta cierto punto, las chicas predijeron su futuro. La amiga que habló de una gran familia tiene muchos hijos, la otra es viuda con un hijo y Pekai lleva una vida completamente distinta. En aquel tiempo ya sabía que quería algo más que el destino habitual de las jóvenes de Karshat, pero sus sueños no llegaban lejos. Solía llevarle comida preparada y kebabs en Mingora porque me gustaba mucho que no tuviera que estar en la cocina.

Todavía le agrada cuando le traigo chapatis y kebabs de un restaurante pakistaní próximo en Birmingham. Pero no desea carne al grill y chapatis para la siguiente generación. Lo que quiere para las niñas de Shangla es que digan: «quiero ser ingeniero» o «quiero ser médico» o «quiero dirigir una empresa social». Este es el objetivo y se puede alcanzar gracias a la educación. Lo sabemos porque Malala es la prueba.

Cada año, en el aniversario del atentado, Pekai regala a Malala una tarjeta de cumpleaños como símbolo de la segunda vida que nos ha concedido Alá. Cuando Malala se encontraba entre la vida y la muerte, Pekai rezaba con tanta pasión fuera del hospital que mi sobrino le pidió que bajara la voz, pero ella tenía fe en su plegaria a Alá en voz alta.

Pekai cree que cuando tu corazón está lleno de amor sincero a la humanidad, este corazón lleno de amor y bondad y compasión agradará al gran creador universal superior que, para ella, es Alá. Y, por eso, el corazón de Alá se llenará aún más de amor y bondad hacia ti. Este es el generoso ciclo de la bondad. Esta es la esencia de Toor Pekai.

Hace poco tuvimos fuertes tormentas en Birmingham y Pekai se encontraba con Janet trabajando en su inglés. Janet se dio cuenta de que Pekai estaba nerviosa e inquieta. «Venga, Pekai, vamos a dejar esto y vemos una película», le dijo. Pensaba que la película sería una distracción agradable. Pero Pekai la miró horrorizada. «No, nada de películas», le dijo. Cuando volví a casa Toor Pekai me contó lo que había pasado. Para ella, el trueno significaba que Alá estaba contrariado. Pensaba que el hecho de ver una película le disgustaría aún más. «Pekai —le dije—, no debes temer desagradar a Alá por ver una película».

Nos reímos sobre ello, pero Pekai ama a Alá. Nunca olvida que Alá le devolvió a su hija.

Hija

Oh, fiel hija de Hadrat Eva,
Oh, hermosa creación del Hermoso Creador,
sigue tu camino y haz realidad tus decisiones,
pues a ti te corresponde también esa decisión.

Niña, no naciste solo para cocinar.
Tu juventud no se puede malograr.
No naciste para ser una víctima,
ni objeto de disfrute de hombre alguno.

Comienza una nueva vida, recorre tu senda,
y si en tu corazón resuena una canción triste,
guarda en tu oído un himno de liberación.
Si las cadenas te esclavizan, destrúyelas,
lo mismo que fue destruido el Muro de Berlín.

Nosotros, tus leales hermanos, juramos...
nosotros, tus obedientes hijos, juramos
que nadie podrá atacarte o insultarte:
nadie podrá desalentarte, ni interponerse en tu camino,
porque también nosotros podemos ser lo bastante valientes

para romper las cadenas que nos esclavizan.
También nosotros imaginaremos el mundo de nuevo.

Ziauddin Yousafzai, de «Prometo», 1988

NACE UNA ESTRELLA

Malala llegó al mundo muy temprano. Su nacimiento iluminó mi vida como la estrella más resplandeciente del cielo. Fue un lucero del alba en nuestras vidas. A lo lejos, oí la llamada matutina a la oración cuando la vecina que había ayudado a Pekai golpeó con urgencia mi puerta. Aquella noche había dormido en el sofá de mi despacho en el colegio para estar separado de Pekai, que dio a luz a Malala en una habitación pequeña y sencilla. Los hombres nunca estaban presentes durante el parto.

Pero mientras la llamada a la oración resonaba por las azoteas y Mingora empezaba a despertar, yo abrí la puerta y escuché: «Tiene una hija en su casa, una niña recién nacida». Y yo corrí para ver a Pekai y a mi hija que yacían juntas en la cama. Y créame cuando digo que vi cómo brillaban los ojos de mi hija. No los tenía cerrados, sino completamente abiertos y luminosos, y vi su brillo. Veinte años después, sigo en el aura de esa luz. Sigo experimentando la felicidad de aquel momento. Era tan pura y refinada, su semblante tan claro, como si ya llevara viva un mes, y no acabara de pasar por la dura experiencia del nacimiento. Me pareció que era el hombre más afortunado por haber tenido una hija, una hija como Malala. La cogí en brazos sin poder apartar la vista de este resplandeciente bebé. Este fue el momento, el momento en que me quedé contemplándola, miré sus ojos abiertos y supe que era el comienzo de un viaje que realizaríamos juntos ella y yo.

Cuando la vi, me di cuenta de que era el bebé que había estado esperando. Cabe preguntarse: ¿por qué querría yo traer a una niña al mundo, en una sociedad patriarcal que no estaba organizada para apoyarla? Pero la respuesta es sencilla. Cuando pensaba en ser padre de una hija, imaginaba para mí un papel completamente distinto del de los padres que había visto a mi alrededor cuando yo era un niño con hermanas, cuando era un niño en una clase en la que no había niñas. Yo sabía qué clase de padre sería si alguna vez era lo bastante afortunado para tener una hija. No me cabía ninguna duda. Yo iba a ser un padre que creía en la igualdad, creía en una niña que se convierte en una mujer y que la educa para que crea en sí misma, para que en su vida sea libre como un pájaro.

Antes de que naciera Malala había ayudado a algunas mujeres. Me había puesto de parte de mi prima y había pensado mucho sobre mis hermanas, deseando poder hacer algo más para mejorar sus vidas. Pero la primera persona en mi vida con la que verdaderamente pude comenzar este viaje de igualdad fue Malala. Mi viaje real, *activo*, comienza con ella porque, como he dicho, el cambio comienza con nosotros mismos. Malala acababa de nacer y no tenía ataduras con el pasado. En su nacimiento vi con nuevos ojos el potencial de lo que el mundo ofrecía. Mi niña se convirtió para mí en una especie de piedra de toque.

No temía que la sociedad pudiera cortarle las alas. Mientras la miraba, tumbada en su cuna de segunda mano, estaba convencido de que esta hermosa niña podría hacer cualquier cosa en el mundo, y como yo tenía fe en ella, eso bastaba.

Pero también es cierto que yo debía tener fe en mi posición de padre. Sentía un amor tan instintivo y profundo que me parecía que mientras estuviera a su lado, apoyándola, nada podría interponerse en su camino. Ahora miro atrás y me veo decidido y resuelto a que esas normas sociales con las que yo vivía, esas tradiciones llenas de misoginia y machismo, no le cortaran las alas. Yo era su escudo.

Me dije: «Ziauddin, la gente tendrá que ceder, tendrá que apoyarte en este viaje, porque nunca dejarás que te hagan abrazar las antiguas ideas». Yo era lo bastante fuerte como para creer en el cambio que había comenzado en mi corazón. Yo creía que este cambio era tan poderoso e importante, tan justo y recto, que ningún poder sobre la tierra podría apartarme de él. No solo era Malala una niña, sino también mi primer hijo vivo. Creo que si Malala hubiera sido mi tercer hijo o mi cuarto hijo, en una línea de hijos varones, aún habría tenido esta determinación respecto a ella, pero hay algo único en un primogénito, especialmente porque habíamos perdido a su hermana.

En Pakistán ocurre una cosa curiosa. Algunas mujeres son honradas por hombres patriarcales, como la difunta Benazir Bhutto, hija de Zulfikar Ali Bhutto y Maryam Nawaz Sharif, hija de quien fue tres veces primer ministro, Nawaz Sharif. Pero esas mujeres pertenecen a la élite. Esas mujeres de la élite son admiradas por el pueblo, son aclamadas por hombres de las clases altas y por hombres humildes. Ellos se afiliaron a los partidos políticos de esas grandes mujeres y las respetan. Pero con sus hijas, niñas modestas que viven sin sirvientes y que descansan en cunas de segunda mano, no se cuenta. Esos hombres perdieron la fe en su propia descendencia. En esto consiste la lucha de clases en Pakistán y la lucha por la igualdad. Yo pregunto a esos hombres: «Si aceptáis a Benazir Bhutto como Benazir Bhutto, ¿por qué no podéis aceptar a niñas como Lubna, Kalsoom o Saba? ¿Por qué no podéis tener sueños para niñas humildes en vuestra propia casa? Las grandes mujeres están a vuestro lado, sentadas junto a vuestra chimenea».

Tanto a Malala como a Toor Pekai se las considera ahora de forma muy distinta. Como he dicho antes, Toor Pekai es un modelo para muchas mujeres en nuestras antiguas comunidades porque el estatus de ser la madre de Malala le ha dado la libertad de empezar a hablar en público. Debido al perfil global de Malala y al Premio Nobel de la Paz nos consideran de una clase social diferente, pero no lo somos. He dicho a todos los miembros de nuestra familia: «Somos como vosotros, estamos con vosotros y estamos entre vosotros». Uno de los primos de Pekai le dijo: «Toor Pekai, eres asombrosa. Hablas en público. Siempre que hablas, eres brillante y nos sentimos orgullosos de ti». Dijo esto a Pekai, pero no anima a su esposa a que se exprese. He dicho muchas veces a hombres de mi comunidad: «¿Por qué solo reconocéis y valoráis a las mujeres cuando están ante vosotros en un escenario público? ¿Por qué no aceptáis a todas las mujeres como seres humanos, como vosotros? ¿Por qué tenéis que esperar a que arda una escuela y una niña valiente se levante y diga: "¿Por qué estáis incendiando mi escuela?"». Y entonces se convierte en Malala de Pakistán. ¿Por qué disparan a una niña y entonces se convierte en Malala globalmente? ¿Por qué tiene que sacrificarse una niña como Malala?

¿Por qué los hombres corrientes no creen que sus hijas sean lo bastante buenas para ser líderes? Es como si estos grandes puestos, trabajos, títulos... solo fueran, en primer lugar, para hombres y después para mujeres ricas empoderadas. Esto no es lo que yo quería para Malala y su futuro. Porque si un padre no da a su hijo el espacio para pensar que todo es posible en la vida, a duras penas creerá el niño en su propio potencial.

Cuando contemplaba a Malala dormida en la cama, no pensaba: «Sí, es Malala y yo la quiero, pero, Ziauddin, sé realista, no tenemos mucho dinero y es una niña de clase baja».

Nunca. Nunca. Yo aspiraba a todo para ella. En vez de anularla o limitarla con prejuicios, pensaba: «¡Va a cambiar el mundo! ¡Moverá montañas! Si le dan la oportunidad, esta niña puede llegar a lo alto y mover el mundo para todos. ¡Está destinada a las estrellas!».

Y hoy digo lo mismo a todos los padres, hermanos, hombres y muchachos: el mundo no va a venir a vosotros, a vuestro hogar, y os va a presentar a vuestra hija o a vuestra hermana, cuando aún es una niña, como la siguiente gran mujer, como la siguiente gran científica o política, como la siguiente Malala. Sois vosotros, como padre o hermano, y como madre, los primeros que tenéis que aceptar y fomentar el potencial de la niña que amáis. Sois vosotros los que tenéis que reconocerla y creer en ella, creer que, sí, esta niña en su cuna puede convertirse en todas esas cosas cuando crezca. Si vosotros mismos no decís que vuestros hijos son los mejores o que pueden aspirar a sus sueños, ¿quién lo hará? Y nuestros hijos lo necesitan, creedme, lo necesitan.

Es sabido que puse a Malala su nombre por Malalai de Maiwand, la combatiente pashtún que murió en el campo de batalla. Por supuesto, no la llamé Malala por la guerra ni por la batalla ni por su muerte de mártir. La llamé así porque fue la primera mujer en nuestra cultura que tuvo una identidad propia, su propio nombre. Recuerdo la primera vez que pensé en el significado de la historia, antes de que Malala hubiera nacido. Había estado en casa de mi amigo Usman Olasyar en Mingora; aquello fue mucho antes de casarme. Con frecuencia me invitaba a comer para ayudarme. Yo estaba prometido con Pekai, que se encontraba en Shangla esperando a que yo ganara lo suficiente para podernos casar. Me encontraba sentado en su sofá cama bebiendo chai y mirando un póster enmarcado de una joven a caballo, una joven dibujada en todo su esplendor y grandeza. Estaba rodeada de las famosas palabras: «Miles de hombres pueden haber alcanzado la cumbre del éxito, pero no se pueden comparar con lo que Malalai de Maiwand consiguió con su llamamiento». Estaba emocionado. Las palabras de esta joven, Malalai de Maiwand, son mucho más extraordinarias que miles de hombres extraordinarios. Me parecía muy romántico. Y hasta tal punto me impresionó que pensé: «Si soy lo bastante afortunado de tener una hija, la llamaré Malala».

Cuando Malala era muy pequeña y decía que quería ser primera ministra, yo veía que la gente sonreía con incredulidad. Su mirada decía: «¿Tú? ¿Primera ministra de Pakistán?». Desde el principio, yo pensé: «Este lucero de la mañana a lo mejor es más lista que quien está en el poder».

Así que cuando la gente se reía de sus sueños, mi indignación era la misma que había sentido cuando los varones de mi familia no habían mostrado interés alguno por ella cuando nació, solo porque era una niña.

No obstante, para que la esperanza que tenía puesta en Malala floreciera, para que creciera y se desarrollara, en vez de agostarse como una planta sedienta y descuidada, era necesario otro ingrediente: la educación. Soy romántico e idealista, pero en esto veía una necesidad urgente y concreta. Lo mismo que la educación me había sacado de Shangla, la única forma de que mi hija pudiera salir de los confines de nuestra sociedad era con un grado universitario y un trabajo.

Incluso las niñas ricas necesitaban formarse. Los chicos ricos, los hijos de los señores feudales, podían apoyarse en el dinero y en el poder de sus familias, pero, para una niña de Pakistán, y de muchos otros países, la educación es la única forma de soslayar el patriarcado y el matrimonio a una edad temprana.

EL PAÑUELO DE MALALA

Malala ingresó en la guardería de mi escuela a los cinco años. Le gustaba todo allí. Los pupitres, los libros, el uniforme... Cuando se hizo mayor, se quedaba allí con las demás niñas y no quería marcharse. Como vivíamos en dos habitaciones en el segundo piso de la escuela, entraba y salía desde que pudo andar, pero el momento en que se convirtió en alumna oficialmente fue muy importante.

El curso escolar estaba dividido en tres trimestres, y desde el principio le compré una carpeta, en la que llevaba ordenadas sus hojas de respuestas junto con cada test, sus trabajos corregidos y las notas. Todavía conservamos algunas. Era como si ella supiera lo valiosa que era la vida en el aula. Quería atesorarla en todos sus detalles, respetarla, darle el pequeño honor de la pulcritud y el orden. Era una relación intensa, una suerte de amor apremiante y desesperado. Lo suyo era una obsesión con la escuela.

Las niñas llevaban uniforme, que era un shalwar blanco y un kamiz azul oscuro, con un pañuelo blanco en verano y uno negro en invierno. Los zapatos y calcetines eran negros. Malala llevaba una mochila rosa clara con el borde rosa más oscuro.

A veces yo llegaba a casa después de las clases y me encontraba a Malala acurrucada junto al grifo en un pequeño vestíbulo con suelo de cemento, que daba a las habitaciones en que vivíamos. Era el único lugar de la casa donde había agua y donde se lavaban los platos y la ropa, esta tres o cuatro veces por semana. Malala se encontraba muchas veces junto al grifo, apenas más alta que este, sujetando el pañuelo del colegio en la mano. Dejaba el pañuelo en un cubo que había sobre una mesa debajo del grifo y lo frotaba y escurría para quitarle el polvo y la suciedad que hubiera cogido al aire libre en Mingora.

Malala se preocupaba de esto y también se lavaba los calcetines del colegio. Ayudaba mucho a Pekai. En Mingora había mucho polvo en todas partes, por el tráfico y el calor. A Malala no le gustaba esto, pero yo prefiero pensar que lavar el pañuelo era una muestra de su orgullo de ir al colegio. Lo frotaba hasta que el agua estaba marrón y después lo escurría y lo colgaba en la cuerda de tender de la azotea. El sol lo secaba casi al momento y al día siguiente lo llevaba en la cabeza, limpio y fresco, lista para su jornada en la escuela.

¿Era su pasión por la escuela algo natural o adquirido? Creo que las dos cosas. Se podría decir que Malala era una semilla perfecta en el suelo perfecto, una semilla mágica en el terreno más adecuado para su desarrollo. Nuestro hogar estaba dedicado al aprendizaje y ella estaba dedicada al aprendizaje. Pero también era la niña más afortunada, en comparación con algunas de sus amigas, porque contaba con nuestro apoyo. La educación no consiste solo en aprender datos y hacer exámenes. Los mejores colegios son aquellos donde se desarrolla todo el potencial de los alumnos, donde a las niñas se les da alas para volar y donde se les imbuye de confianza para vivir una vida propia.

Cuando abrí el instituto en 2003, sabía que dar a las niñas ese poder en su interior era tan importante como enseñarle inglés y urdu. Yo iba por las aulas viendo el desarrollo de las clases y las chicas a veces me decían que ellas deseaban aprender, pero que en casa no recibían ningún apoyo de sus padres. Con frecuencia intercedía con esos padres, pero era muy difícil cambiar esa vieja idea tan arraigada de que, más allá de cierto punto, la educación de las jóvenes era una pérdida de tiempo. En Mingora no era infrecuente que las niñas de corta edad fueran al colegio. Era en la adolescencia cuando desaparecían de las aulas, pues, en la mayoría de los casos, sus familias las estaban preparando para el matrimonio.

Al principio, incluso antes de que Malala y los niños fueran al colegio, la nuestra no era una familia privilegiada. No teníamos mucho dinero ni una casa grande, pero nos teníamos unos a otros. Nos queríamos y estábamos muy unidos, y eso nos daba fuerza. No era que, en aquellos días, hubiera cogido literalmente un arma y estuviera diciendo a los hombres: «¡Bien! Lucharé con quien se oponga a Malala. Con quien se interponga en el camino de mi hija». Esa clase de desafío llegó después, cuando se produjo la invasión talibán. Antes de aquello, era una especie de fuerza espiritual; la gente percibía nuestra devoción y nuestro cariño por ella.

Pekai deseaba con toda su alma que Malala tuviera la educación que ella no había tenido. En lo único en lo que no estaban de acuerdo es en cuánto debía cubrirse Malala en público. Muchas mujeres iban por nuestros mercados con burka, triángulos de tejido grueso que se ajustaba a sus cabezas como gorros y después caía suelto hasta el suelo, cubriendo absolutamente todo su cuerpo para proteger su honor. Llevar una prenda como esa requiere mucha habilidad porque, al caminar, el burka se agita en torno a los pies. Pero, una vez dominada la técnica, el burka proporciona una ventana a través de la cual quien lo lleva puede contemplar el mundo sin ser vista por otros ojos que los de su esposo. Pekai no llevaba burka, pero, como he mencionado, se cubría el rostro con un pañuelo. Malala llevaba pañuelo, pero no se tapaba la cara y se negaba a hacerle caso a Pekai cuando esta le pedía que se cubriera más. No quería ver el mundo desde detrás de un velo. Quería verlo con la cara al descubierto, como los hombres. A decir verdad, yo estaba de acuerdo con ella en esto. Y Malala no solo no se cubría la cara, sino que devolvía la mirada a cualquier hombre que la mirase. A veces, cuando salía con Pekai, se cruzaban con hombres y ella volvía la cabeza y los sorprendía mirando a otras mujeres cubiertas, que caminaban con la vista fija en el suelo. «Malala, por favor —decía Pekai—. ¡Malala! ¿Qué haces? Mira hacia otro lado. No te quedes mirando a esos hombres». Pero Malala respondía: «Si ellos pueden quedarse mirándome, ¿por qué no puedo hacerlo yo?».

A Malala le parecía que era una especie de «conflicto de miradas», pero no conocía el temor y tenía curiosidad sobre esos límites públicos que le parecían injustos. Ya entonces estaba reclamando un derecho que consideraba propio.

CUANDO LOS TALIBANES ROBARON NUESTRO KOH-I-NOOR

Lo que pueda ser Malala, lo que pueda tener Malala, se debe a su educación. Si Malala no hubiera estudiado en la escuela, si no hubiera tenido esta pasión por aprender, si no hubiera sido inquisitiva y audaz y segura, dentro y fuera de casa, nunca se habría convertido en una voz poderosa para las jóvenes de todo el mundo. Sin su educación, «Malala», la niña que se convirtió en un modelo para las demás, habría permanecido toda su vida sin ser admirada, sin que se conociera su mensaje. Su asombrosa voz, que se escucha en todo el mundo, habría permanecido en silencio.

Los dos sabíamos que la educación era la única salida para ella, la única oportunidad que tenía de labrarse un futuro, de ser independiente económicamente, de hacer de su vida lo que ella decidiera.

Para Malala, la educación era el Koh-i-noor de su vida. El Koh-i-noor es un diamante que ha hecho un largo y accidentado periplo de India a Gran Bretaña, donde ahora está entre las joyas de la corona. Su preparación era el Koh-i-noor de Malala. No había un Plan B. Ninguno. Para una joven como Malala, si no se formaba y luego hacía una carrera, la única opción era un marido para cuando tuviera veinte años, dieciséis con mala suerte. Malala sería ahora madre de dos niños, no una estudiante de Oxford que ha recibido el Premio Nobel.

Muchas veces, cuando alguien me pregunta cómo ha llegado Malala a ser quien es, le respondo: «No me pregunte por lo que hice, sino por lo que no hice. No le corté las alas». En Pakistán conocía a algunas familias que tenían un pájaro, quizá una paloma, en su patio, un ave que ya no podía volar. Iba por el polvoriento suelo, levantando la cabeza y moviéndola de un lado a otro, pero le habían arrebatado ese ingrediente vital de su vida. Alguien, seguramente un padre o un hermano, había cogido unas tijeras y le había cortado las plumas primarias muy cortas de forma que el vuelo era imposible. Era un acto de propiedad sobre una pobre criatura indefensa, por entretenimiento o por el deseo de tener una mascota obediente, obligada a vivir contra su instinto primario de volar. Siempre me pareció una crueldad.

Cuando digo de Malala que «no le corté las alas», lo que quiero decir es que, cuando era pequeña, rompí las tijeras que la sociedad utiliza para cortar las alas de las niñas. No dejé esas tijeras cerca de ella. Quería que volara alto en el cielo, no que fuera rascando un patio polvoriento, sujeta por las normas sociales, y yo permanecería a su lado, protegiéndola, hasta que tuviera la seguridad y la fuerza suficientes para volar sola sin necesidad de protección.

¿Cómo haces para que una niña o un niño tenga seguridad y sea valiente? Creo que mediante elogios. Lo que yo hacía cada día, con los niños también, pero especialmente con Malala, si tenía buenas notas o si me mostraba unos deberes bien hechos o si me sorprendía con alguna idea nueva e inocente, era elogiarla. Me encantaba su creatividad. Yo intentaba hacer que se sintiera como si fuera el ser humano más sabio que hubiera pisado la tierra, como si fuera el ser humano más maravilloso que hubiera existido nunca. Y me parece que esa es la responsabilidad de todos los padres con sus hijos. Todos los padres pueden apoyar a sus hijos así. A mi alrededor veo a muchos niños que son educados de formas que no se centran en el niño. Tanto en el Este como en el Oeste enseñamos a nuestros hijos que deben creer en Dios, en los profetas, en los santos y en los libros sagrados.

Les decimos que crean en ángeles, que no pueden ver, y, en el Este, en los *jin*, criaturas que nos precedieron. Pero nuestros hijos están aquí, delante de nosotros, con sus cuerpos físicos, llenos de pasiones y emociones, con sus sentimientos y su sabiduría y su cerebro. Existen con todo su bagaje, pero pocas veces les decimos que crean en sí mismos.

A medida que Malala se hacía mayor, aumentaba su seguridad al hablar en público. En las competiciones de debates y de oratoria, de pie en la tribuna, mostraba el mismo carisma y la misma seguridad que el mundo ha visto en ella desde entonces. Solía toma parte en todas las competiciones oficiales y lo hacía muy bien. En 2010 fue elegida la primera portavoz de la Asamblea Infantil de Swat. La asamblea estaba formada por niños y niñas, y tomaban parte en ella muchas escuelas de todo Swat.

La clase de Malala era excepcional. Cada niña era inteligente y competitiva, pero en un sentido positivo. Entre ellas no había envidias, sino que más bien todas estaban unidas en este camino para educarse. Todas eran inteligentes, pero algunas de ellas topaban con la resistencia de los hombres de sus familias.

En una ocasión decidí organizar una competición de debate entre las chicas y los chicos del colegio en el pabellón de los chicos. Vino a verme el hermano de una niña: «Señor, mi hermana no va a ir al pabellón de los chicos y no va a hablar delante de los chicos. ¿Por qué ha propuesto usted que las niñas hablen ante ellos con el rostro descubierto?».

Estos eran los llamados tabúes a los que tenía que enfrentarme tan a menudo. Si sus padres se lo hubieran permitido, creo que al menos diez niñas de la clase podrían haber tenido con el tiempo la influencia que tiene Malala. En época de paz, todo lo que hacíamos era proactivo, era trabajar para una vida mejor. Malala siempre estaba hablando en concursos y cada vez era más conocida en el circuito escolar. Pero era una niña y solo se trataba de un *hobby* en el que ella destacaba, una fuente de premios y medallas, y otra forma en la que podía sentir que se la escuchaba, apreciaba y valoraba. Es irónico pensar que precisamente cuando Pekai y yo estábamos fomentando todo aquello que constituye su autoestima, Malala estaba a punto de perder la parte más fundamental de su vida.

Mi activismo siempre había sido proactivo. Yo quería que nuestra comunidad mejorase. Quería más democracia, que se plantaran más árboles, agua más limpia, más escuelas. Quería mejores condiciones de vida para todo el mundo en Mingora. Como maestro, cada día chocaba con padres patriarcales que no querían educar a sus hijas, pero nunca pensé que educar a una niña llegaría a estar prohibido.

Cuando en 2007 comenzó la talibanización violenta en el valle de Swat, yo me sentía como alguien a quien se le mueve la tierra bajo los pies. ¿Dónde queda un hombre cuando le ocurre esto? En ningún sitio. Al prohibir la educación de las niñas, los talibanes estaban arrebatando a Malala su futuro. Nos habían robado el Koh-i-noor. Todos los sueños y esperanzas de una vida mejor que había tenido para Malala desde que nació, y para las niñas del Colegio Khushal y las cincuenta mil alumnas del valle de Swat, se estaban evaporando.

Los talibanes desfilaban por Mingora de forma habitual con banderas y armas a la espalda. Había talibanes por todas partes. Hombres que en el pasado habían sido miembros normales de nuestra comunidad ahora formaban parte de este ejército violento. Con frecuencia pasaban por la calle en jeeps, derrapando y levantando polvo. Llevaban el pelo largo y sucio bajo los turbantes y los pantalones remetidos por dentro de los calcetines.

Iban con deportivas. Recorrían los mercados, vigilando a las mujeres por si había alguna que no les parecía lo bastante sumisa. Cada mañana y cada noche nos enterábamos por los periódicos y por las noticias de que otras tres, cuatro, escuelas habían volado por los aires. En total fueron destruidas más de cuatrocientas escuelas, y se convirtió en algo rutinario que cada día volaran una. Entonces, el 15 de enero de 2009, prohibieron la educación de las niñas.

Yo había roto las tijeras que habrían cortado las alas de Malala. La había educado para creer que podía volar todo lo alto que quisiera, pero los talibanes llegaron armados no de tijeras para vararla en tierra, sino con bombas y armas. Después de los sermones en la emisora de radio ilegal, la violencia se volvió inhumana. Personas que conocía contrarias a los talibanes fueron sacadas de sus casas por la noche y las encontramos por la noche, decapitadas en la plaza o arrojadas a las cloacas.

La idea de no hacerles frente, de mantenerme en silencio, no era una opción para mí. Reaccioné instintivamente. No podía hacer otra cosa porque estoy convencido de que la vida humana no significa tomar oxígeno y expulsar dióxido de carbono. Creo que la vida humana significa humanidad, con toda su dignidad, con todos los derechos humanos básicos que son nuestros legítimamente. No hay un día, ni un solo día, que no luche por esos principios. Si tuviera que elegir entre vivir un día de acuerdo con mis convicciones o cientos de años sometido a fanáticos y asesinos, preferiría un día de libertad.

Tenía miedo, por supuesto, pero el miedo también te da valor. Temía que me mataran, porque estaban asesinando a muchas personas, pero mi mayor temor era que Malala y todas las niñas del país se quedaran sin instrucción, que las niñas nacidas en nuestra región de Pakistán tuvieran un futuro negro. Yo actuaba desde la convicción inquebrantable del derecho de las niñas a educarse, pero también sentía pánico, terror, de lo que pudiera ocurrir con el futuro de Malala y con el futuro de Pakistán.

Al final, había muy pocas personas dispuestas a alzar la voz. Decían: «No podemos hacer nada porque pondríamos nuestras vidas en peligro. No vamos a decir nada porque tenemos miedo». ¿Y si se decidían a hablar? A veces decían lo que los talibanes querían oír: «Exigimos que en Swat se apliquen el islam y la sharía. ¡Entonces habrá paz!».

Y yo me indignaba y les respondía: «¡Esto no tiene nada que ver con el islam! —decía a quien quisiera escucharme—. En Swat no hay nada antiislámico. Ya somos una sociedad islámica. ¡Se trata del poder! ¡Se trata de personas avariciosas! ¡Se trata de matones que vienen y controlan nuestras vidas! ¡Y no podemos permitirlo! ¡En realidad, lo que es antiislámico son este odio y esta violencia!».

Como a mi alrededor la gente permanecía en silencio, yo hablaba más. Gritaba mi mensaje por las plazas de Mingora. Intenté que todo lo que decía sonara sencillo y lógico, para que todo el mundo pudiera entenderlo. Los periodistas que cubrían el conflicto carecían de esta cualidad.

Tal y como yo lo veía, estaba aportando mi granito de arena al futuro del país. Oponerse a los talibanes era la responsabilidad que yo asumía por las generaciones futuras. No solo estaba protegiendo los sueños y derechos de Malala, sino también los sueños y derechos de todas las niñas de mi colegio y del maravilloso valle de Swat. Mi pena y mi indignación las causaban mi hija y todas las hijas de este país. Yo dirigía un colegio de niñas. Había otras cincuenta mil niñas que iban a la escuela en el valle de Swat. ¿Qué significaba esta talibanización? Significaba que ninguna mujer podía ostentar el poder; significaba que no habría mujeres libres ni educación para las niñas. Significaba que las mujeres serían esclavas.

A mí me destrozaba contemplar el futuro de Malala en esos términos. ¿Es posible imaginar cómo me sentía después de todo lo que había intentado hacer por ella? El dolor era casi físico.

Debido a mi forma de hablar, muchas veces me contactaban periodistas en busca de frases citables e información. Uno de los que cubrían el conflicto era Abdul Hai Kakar, un amigo que trabajaba para el servicio en urdu de la BBC y para el que, más tarde en 2009, Malala empezaría a escribir su diario secreto con el pseudónimo de Gul Makai. Abdul Hai Kakar me advirtió de que estaba empezando a ser demasiado conocido: «Zia, hablas con demasiada frecuencia. Va a ser peligroso. He dicho a mi oficina que hay que dejar de utilizar tanto tu nombre y tu voz».

Los periodistas estaban recibiendo amenazas de los talibanes. «¡Vamos a verte!», decían los comandantes talibanes, que es como lanzaban las amenazas de muerte.

«Todos somos muertos vivientes, Zia —me dijo Abdul Hai Kakar—. Llevamos nuestro funeral sobre los hombros». Pero no dejó de informar a pesar de las amenazas, ni yo dejé de hablar.

Nadie quiere morir. La vida humana es preciosa. Yo no quería morir, pero sabía que lo que estaba haciendo podría costarme la vida. Empecé a recibir amenazas de muerte, que me llegaban a casa por debajo de la puerta y a través de los medios de comunicación. Es traumático pensar en tu muerte, en dejar a tus hijos pequeños solos, abandonarlos tan pronto después de traerlos al mundo. Para mí, lo más terrible no era que los talibanes pudieran quitarme la vida, sino dejar a mis hijos sin padre. Pero, al mismo tiempo, pensaba: «Sigo en el camino correcto. Estoy alzando la voz por los derechos humanos más fundamentales, por la educación y la paz en mi país. Y, Dios no lo quiera, Dios no quiera que ocurra, pero si llega a pasar, no me arrepentiré». Los amigos no dejaban de decirme que tuviera cuidado. Toor Pekai estaba aterrorizada y siempre abría la puerta ella misma porque daba por sentado que los talibanes nunca matarían a una mujer. Malala también tenía mucho miedo por mí, pero ninguna de las dos me pidió que lo dejara.

Un amigo me dijo: «Ya has recibido una amenaza de muerte, Ziauddin. Con las declaraciones que haces, la van a cumplir. Te estás jugando que te maten». Y recuerdo lo que le contesté: «Ahora mismo, mi felicidad es el amor que tengo a mi familia, mis hijos y mi esposa. Pero ¿y si muero? Mi madre y mi padre estarán aguardándome. Volveré a mi primera familia». Así es como justificaba ante mí mismo mi activismo. Me veía en el contexto más amplio. Veía mi activismo no como una cosa noble e importante que cambiaría el mundo, sino como algo que podía hacer por mi comunidad. Y, en último término, pensaba: «¿Y si muero? Habrá merecido la pena porque defender mis de-

160

rechos o los de las personas de mi comunidad bien vale mi vida». En 2008 y en 2009 recibí amenazas de muerte, pero los talibanes no las llevaron a cabo. No abandoné mi activismo por esas amenazas, aunque sí tomé precauciones tales como cambiar mi rutina. Pero cuando, diez meses antes de que dispararan a Malala en 2012, nos llegó una amenaza contra su vida, ese fue mi talón de Aquiles. Los talibanes habían encontrado la forma de silenciarme.

UN PÁJARO VALIENTE

Creo que hay una opinión muy extendida de que dispararon a Malala solo por ir al colegio, o porque no hizo caso de la prohibición de 2009 de que las niñas estudiaran. Es cierto que entonces ignoramos esa prohibición. Para las niñas que querían venir al colegio, hacíamos como si las de cursos superiores estuvieran en cuarto —el último curso al que podían asistir— y después seguíamos con las clases en secreto. Pero los talibanes dispararon a Malala por la fuerza de su voz. Había empezado a ser influyente en Pakistán. Entre 2009 y 2012 se había ido haciendo más poderosa y potente. La gente la escuchaba. La voz de Malala era mucho más poderosa que la mía porque procedía del corazón de una niña. No era política; era inocente. Simplemente creía en la educación. Sus intenciones eran puras. Lo que había sido talento para el debate en el circuito escolar se convirtió en algo mucho más grande. Nunca imaginamos que los talibanes atacarían a una niña. Nunca lo habían hecho antes.

El ejército había expulsado a los talibanes de Mingora en 2009 después de un breve periodo en el que tuvimos que escapar de allí y nos convertimos en personas desplazadas internamente. Pekai se llevó a los niños a Shangla mientras yo me quedaba en Peshawar para continuar el activismo con mis amigos Fazal Maula, Ahmad Shah y Muhammad Farooq.

Cuando regresamos a Mingora más tarde ese mismo año, era como una ciudad fantasma. Nuestro colegio, donde se habían alojado las fuerzas de seguridad, estaba lleno de pintadas y basura, y los muebles destrozados. Malala y yo seguíamos hablando públicamente sobre el derecho de las niñas a la educación. Para nosotros, no era un motivo de miedo sino de gran orgullo que Malala alzara la voz y hablara por las personas de nuestro país. A medida que su voz se hacía más potente y se escuchaba por todo el país, adondequiera que fuese la gente la rodeaba. En los aeropuertos le pedían su autógrafo o su fotografía. El apoyo era enorme, y si te apoya tu gente, todo lo demás deja de tener importancia. Ella hablaba por quienes no podían hacerlo. Era su voz. Pekai nos dijo a los dos: «Si no habláis vosotros, ¿quién lo va a hacer?».

Cuando recuerdo aquellos días, el activismo de Malala junto al mío, veo que los dos estábamos inmersos en la lucha. En Swat esta lucha no era individual. Yo formaba parte del consejo de ancianos de Swat y era presidente del Consejo para la Paz Mundial, lo que significaba que también había otras personas luchando. Algunos de mis amigos activistas por la paz más próximos murieron en atentados terroristas y otros resultaron heridos. En mi colegio había otras niñas que también alzaron la voz, aunque cuando sus padres se asustaron dejaron de hacerlo.

Cuando estás inmerso en una batalla, apenas piensas en otras cosas, en lo que ocurre a tu alrededor. Concentras tu atención en la batalla. Durante mucho tiempo no pensé en la amenaza a la vida de Malala, porque daba por sentado que estaría segura y que a una adolescente no podía ocurrirle nada. Por eso permití que mantuviera el diario anónimo con el pseudónimo de Gul Makai. No imaginé que estuviera en peligro.

Y cuando los dos tomamos parte en el documental *Class Dismissed*, que hizo el *New York Times* aquel año, tampoco pensé que eso la pusiera en peligro. Seguramente pensé: «Sí, los talibanes han destruido más de cuatrocientas escuelas, pero nunca han disparado a una niña. ¿Por qué iban a hacerlo? ¿A una niña? ¿Cómo van a ir a por una niña?». Yo daba por supuesto que estaría a salvo, lo que ahora me doy cuenta de que era una ingenuidad.

La gente que ahora nos critica a Toor Pekai y a mí por permitir a Malala convertirse en una activista en un lugar tan peligroso tiene derecho a hacerlo. Por supuesto, sé que hay quienes piensan: «Eres un idealista. Tu primera prioridad debería ser tu vida», pero somos seres humanos. Somos iguales en muchas cosas, pero también diferimos en muchas otras. Tal y como yo lo veía, nuestra respuesta era como el valor instintivo de una madre pájaro. Cuando un pájaro ve a sus polluelos en peligro, cuando ve que una serpiente se enrosca alrededor de su nido, se eleva y chilla. Pía y grita a su manera. No se queda parada sin hacer nada. No se marcha y se esconde en el bosque.

Nuestra familia había vivido de tal manera que aceptar la talibanización era imposible. Habíamos leído las palabras de personas que habían mostrado auténtica valentía en grandes luchas como Martin Luther King Jr., de Gandhi, de Nelson Mandela y de Bacha Khan, y creíamos en ellas. Así que no estaba dispuesto a contemporizar. Y Malala era igual. Era una activista nata y las circunstancias le dieron una plataforma. No se puede «fabricar» una Malala. No se puede «fabricar» un Martin Luther King Jr. o una Rosa Parks. Como padre, todo lo que puedes hacer es dar ejemplo con tus actos, con tus valores. A medida que la plataforma de Malala crecía en Pakistán, Toor Pekai y yo nos dábamos cuenta de que Malala no era una niña corriente, o, más bien, de que era una niña corriente pero con un valor, una inteligencia y un talento extraordinarios. Yo solía decirle: «*Jani*, tus discursos llegan a lo más profundo del corazón de la gente».

A finales de 2011 hubo dos momentos clave en el reconocimiento de su influencia en Pakistán. El primero fue cuando la nominaron para el Premio Infantil Internacional de la Paz del arzobispo Desmond Tutu. La citación decía: «Malala se atrevió a defender sus derechos y los de las demás niñas y a utilizar los medios nacionales e internacionales para dar a conocer al mundo que las niñas deben tener derecho a ir a la escuela». No ganó este premio, pero nos enorgulleció mucho. Lo recibió dos años más tarde, después del atentado. No obstante, a finales de 2011, el primer ministro de Pakistán, Yousaf Raza Gilani, decidió honrar su valentía con el primer Premio Nacional Juvenil de la Paz, que más tarde recibió su nombre y se denomina Premio

Nacional de la Paz Malala. Como resultado, y a petición de Malala, el primer ministro pidió a las autoridades que crearan un campus de tecnología de la información en el *college* de mujeres de Swat.

Malala ya estaba empezando a pensar en crear su propia organización para ayudar a ir a la escuela a las niñas sometidas a trabajo doméstico infantil. Ya entonces, a los catorce años, tenía grandes ambiciones. En Pakistán ya era bien conocida como activista.

Pakistán es un país lleno de conspiraciones. Hay quien decía que la lucha de Malala en realidad era la mía, que su voz era mi voz. Pero si yo hubiera querido que Malala fuera una extensión mía, parte de mí, parte de mi «campaña», creo que no habría alcanzado su actual estatura. Su impacto no habría sido mayor que el mío. No me habría hecho sombra. Era maravilloso cómo conseguía comunicarse. Fue la clave de su éxito.

Pero el éxito de Malala era una amenaza para los talibanes. Ya no podían ignorarla porque no era más que una niña.

En enero de 2012, el gobierno de Sindh nos informó que iban a dar el nombre de Malala a un instituto de secundaria para niñas. Geo TV nos invitó a Karachi. Decidimos ir en avión —la primera vez que Malala volaba— toda la familia, excepto Khushal, que se encontraba en el internado en Abbottabad.

Mientras estábamos en Karachi, una periodista pakistaní que vivía en Alaska y apoyaba a Malala vino al hostal donde nos alojábamos y me dijo que los talibanes habían amenazado a Malala y a otra activista por los derechos de las mujeres. «Estas dos no son buenas personas —habían dicho los talibanes—. Trabajan para Occidente y están en nuestra lista de objetivos». Habría más amenazas.

Aquel fue el peor día de mi vida hasta ese momento. Era la primera vez que se apoderaba de mí un gélido temor a que Malala pudiera estar en peligro. Ese día habían organizado una comida para nosotros, pero yo no pude probar bocado. Estaba traumatizado. Había asumido la posibilidad de mi muerte, pero ¿esta amenaza a la vida de mi hija? Era intolerable. Creo que la necesidad nerviosa de orinar me hizo ir al baño siete veces. Mis ausencias en la mesa eran tan evidentes que tuve que disculparme con nuestro anfitrión. Hablé a Malala de la amenaza, pero, al contrario que yo, ella permaneció tranquila.

¿Qué podía hacer? No sabía. Cuando regresamos a Mingora desde Karachi, fui a la policía, que me mostró un dosier sobre Malala y cómo sus actividades nacionales e internacionales habían atraído la atención de los talibanes. Me dijeron que necesitaba protección, pero no me gustaba la idea. Dudaba que un guardaespaldas pudiera impedir un atentado, pues otros activistas de Swat habían muerto a pesar de tener protección policial. También me preocupaban los demás niños del Colegio Khushal.

Por el contrario, pedí consejo a un amigo, Haider Ali Hamdard, que era médico en Abbottabad. Hablamos de un famoso internado para niñas y decidimos que lo prudente sería trasladar a Malala del Colegio Khushal en Mingora a Abbottabad, que era mucho más tranquila. Tuvimos suerte. El colegio dijo que la aceptaba. No podíamos permitirnos pagarlo, pero por ser una personalidad destacada sería alumna honoraria. Queríamos matricularla para enero de 2013, con el comienzo del año escolar. Entonces volví a hablar con la policía y les informé: «Voy a trasladar a Malala a Abbottabad», pero respondieron: «Si intenta pasar inadvertida, no hay diferencia entre Swat y Abbottabad. ¿Por qué llevarla allí?».

Dejé de hablar en público, por lo que en Mingora empezaron a preguntarse por qué guardaba silencio. También nos hicimos muy selectivos en lo que Malala hacía. Me negué a que aceptara la oferta de convertirse en embajadora de la paz del gobierno de Khyber Pakhtunkhwa. Les dije: «Lo siento, pero ahora mismo no puede ser embajadora de la paz de nada».

Malala sí habló en algunos actos durante 2012, pero menos que antes. Yo siempre le decía: «Por favor, no menciones la palabra "talibán". Simplemente llámalos "terroristas"».

«*Aba* —me respondía—, ellos mismos se llaman talibanes. ¿Qué les voy a llamar si no? Ese es su nombre. Esa es su identidad».

Si yo le hubiera pedido que abandonara por completo el activismo, no creo que me hubiera obedecido. Yo podría haberme negado a acompañarla, pero eso habría sido como traicionar lo que quería Malala y los valores de nuestra familia. Su convicción era muy fuerte. Para entonces ya era consciente de su poder.

A nuestro alrededor todo el mundo temía a los talibanes y su miedo era real y estaba justificado. Ese miedo real hace que nuestro valor parezca irreal. Como había huido tanta gente del campo de batalla y solo quedábamos en él un puñado de personas, esa era la razón de que continuáramos. Éramos la única posibilidad que quedaba. Parece de locos, pero ese es nuestro ADN.

No obstante, aquel año 2012 en Pakistán fue terrible para mí. Vivía siempre con miedo. Ya no era un león en el campo de batalla. Estaba nervioso y agitado, no por mí, sino por la amenaza a Malala. Yo sabía que las amenazas de los talibanes con frecuencia eran vacías. ¿Cuántas veces no había ocurrido nada después de que amenazaran a alguien? Pero también había perdido amigos. Una voz dentro de mí decía: «¡A una niña, no! ¡Nunca a una niña!». Pero constantemente estaba mirando a mis espaldas, mucho más que a principio de 2009, cuando podrían haberme secuestrado en medio de la noche y decapitado.

Los talibanes atentaron contra Malala el 9 de octubre de 2012. Los hechos de lo que le ocurrió se han contado muchas veces en los últimos seis años, en periódicos y televisiones de todo el mundo, en su famoso libro y en una película premiada. En lo que he escrito aquí también he intentado volver a vivir aquellos días para mostrar cómo estar a punto de perderla nos afectó no solo a mí, sino a toda la familia. Pero, para Malala, el atentado contra su vida es como un mito. Ahora lo describe como si se tratara de una historia. Sé que suena muy extraño, pero no recuerda nada del atentado y muy poco de los días posteriores. Dice: «*Aba*, cuando oigo que hay una niña que se llama Malala a la que dispararon los talibanes, para mí no es más que una historia. No lo relaciono con mi vida. Yo sigo siendo la misma». Y esta es nuestra segunda bendición. Nuestra hija conserva las cicatrices físicas de lo que le ocurrió, pero de alguna forma ha logrado desprenderse de los aspectos más angustiosos de su historia y elevarse por encima de ellos, así que ahora puede contemplar los hechos que casi le cuestan la vida con el espíritu intacto, sin las huellas de la tragedia, y la misma determinación que antes. Malala tiene razón. Es la misma. Es la misma niña tranquila y trabajadora que siempre ha sido. Es el mismo pájaro valiente de Mingora, comprometida y libre.

LAS MUJERES CONSEGUIRÁN UN HONOR PARA TI

Malala ha dicho que sabía que su vida de activismo continuaría cuando se encontraba en el hospital en Birmingham, incluso antes de que llegáramos nosotros: «Yo estaba confusa sobre lo que pensaban los demás —me dijo más tarde—. ¿Sabía alguien que me habían disparado?». Una de las enfermeras le llevó una caja llena de tarjetas de ánimo procedentes de América, de Japón, de personas cuya edad iba de los seis a los noventa y dos años. «¡Qué increíble! ¡Tanta gente apoyándome!», dijo a la enfermera, que respondió asombrada: «Esto solo es una caja, Malala. Tenemos miles de tarjetas. Cajas y más cajas. Lo que ves no es más que una pequeña parte».

«Empecé a darme cuenta de que no estaba sola en esta lucha, eso fue lo que me dio valor y esperanza para el futuro. He sobrevivido por algo». Esto es lo que nos dijo Malala.

Casi perdió la vida. La bala le pasó muy cerca del cerebro. Pero ha sobrevivido. «Nunca voy a mirar atrás», dijo.

Por estas fechas estuve trabajando con ella en pruebas de memoria. Le pedí que me recitara *tapey*, poemas pashtunes cuya antigüedad se remonta a varios siglos. Me dijo que recordaba uno, pero que quería cambiarlo.

Recitó el original: «Si los hombres no pueden ganar la batalla, país mío / Las mujeres darán un paso al frente y conseguirán ese honor para ti».

«Pero, *Aba* —me dijo—, me gustaría cambiarlo para que sea: "Tanto si los hombres están ganando o perdiendo la batalla, país mío / Las mujeres vienen y conseguirán ese honor para ti"».

Respondí: «Ay, Malala, ¿qué dices? Eres maravillosa».

Y lloré, pero no solo de tristeza.

LA CLASIFICACIÓN DE BARACK OBAMA

Mientras Malala estaba ingresada, al principio de forma permanente y después como paciente externo para continuar el tratamiento, Pekai y yo necesitábamos que alguien nos trajera y nos llevara al hospital. Un día, nuestro conductor, Shahid Hussain, que se había hecho amigo nuestro, llegó con la noticia de las cien personas más influyentes del mundo en 2013 según la revista *Time*. Malala aparecía en la cubierta y dentro ocupaba el puesto quince de la lista. El presidente Barack Obama estaba en el cincuenta y uno. «Soy un gran admirador de Malala —nos dijo—. Por favor, enséñenle esto. Le va a alegrar». Y me dio su teléfono móvil para que se lo mostráramos. Lo cogí y se lo enseñé a Malala. Estaba muy orgulloso de lo que se veía en la pantalla.

Malala me cogió el teléfono y lo examinó. Después lo dejó. «No creo en una clasificación como esta de seres humanos».

Cada día aprendo algo de ella.

EL VELO DE BENAZIR BHUTTO

Para nosotros, como padres de Malala, después de octubre de 2012 nada era importante mientras Malala siguiera en el mundo. Simplemente estábamos felices de que Dios le hubiera concedido esta segunda vida, de que existiera en nuestras vidas.

En nuestra casa había división de opiniones sobre el futuro. Malala veía su nueva vida con renovada determinación. Sin embargo, Pekai estaba muy preocupada. Mientras Malala se integraba en la vida escolar en Birmingham, empezamos a escribir con Christina Lamb su libro *Yo soy Malala*, cuya publicación fue seguida de más viajes y declaraciones sobre la historia de Malala.

Yo era neutral sobre si Malala debía continuar como activista, aunque ahora es difícil imaginar que podría no haberlo hecho. Sin embargo, Pekai llamó a su hermano mayor en Pakistán, el que había sido mi maestro e inspiración.

«Dime. Respóndeme a esta pregunta. ¿Le has salvado tú la vida o se la ha salvado Alá?», preguntó él, y Pekai repuso: «Alá le ha salvado la vida. Yo no». Entonces él continuó: «Pues si la ha salvado Alá, lo ha hecho por algo. No puedes detenerla. No malgastes tu tiempo, por favor. Ayúdala. Deja que Alá lleve a cabo su propósito. Tú no puedes protegerla. No interfieras en el plan de Alá. Limítate a apoyarlo y respetarlo».

Tenía todo el sentido. Nos dábamos cuenta de que el mundo necesitaba la voz de Malala, que estaba libre de culpa, odio o envidia. El amor es lo más poderoso que tenemos los seres humanos. La paz y la compasión pueden vencer a la violencia. Malala no es agresiva, no es violenta, no se enfurece, pero si alguna vez

171

lo hace, no es cruel. Elige palabras que van impactar profundamente, pero sin herir a quien las escucha o al opresor. Esta actitud es maravillosa. Desafías, pero no hieres. Solo hay que dar un golpecito en la puerta, no tirarla abajo a pedradas. Llamas una vez, y si no hay respuesta, vuelves a hacerlo una y otra vez. Tampoco la rompes con herramientas. Las armas pueden darte un poder inmediato, o provocar un cambio inmediato, pero no es duradero. El cambio duradero es aquello en lo que crees, lo que defiendes.

Malala comenzó su segunda vida con resiliencia, paciencia y amor. Su objetivo siempre ha sido que aquellos que constituyen un obstáculo en su camino al final se unan a ella. Que sean parte de su viaje porque este es pacífico.

Un día, antes del atentado, me preguntó un general del ejército: «¿Me puede decir qué ha hecho Malala para ser tan popular en Pakistán y que todo el mundo la elogie? Dígame por qué la rodean los medios y la prensa».

Y yo le conté la historia del Profeta Abraham (la paz sea con él). El rey Namrood quería matarle y para ello dispuso quemarle vivo. Hizo un gran fuego y colocó a Abraham en el centro. En el cielo, un pájaro llevó agua en el pico y arrojó una pequeña gota a las llamas. No sirvió de nada, pero el pájaro siguió, una gota tras otra. Una gota de agua del pequeño pico de un pájaro nunca sería suficiente, pero ese pájaro se ha hecho muy famoso en nuestras historias. No se dio por vencido.

Así que le dije al general: «Tanto si su empeño es grande como si es modesto, si sus intenciones son puras y acordes con la historia, entonces llega al corazón de la gente».

Quiero contar otra historia de un hombre de mi familia que ha cambiado durante la vida de Malala. A uno de mis primos mayores le pareció tan impropio que yo escribiera el nombre de Malala en el árbol familiar que hizo una mueca al verlo. Sin lugar a dudas, era una muestra de desaprobación de que se reconociera a una niña. Pero después de ver el activismo puro de Malala cambió de opinión. Sus hijas ahora estudian medicina. Así que mi primo, que en el pasado había sido despectivo con el género de Malala, actualmente es un gran partidario suyo. ¿Las fotos de ella en los medios que él criticaba? Ahora las comparte con orgullo.

Nueve meses después del atentado contra su vida, Malala fue invitada por el ex primer ministro británico Gordon Brown a celebrar su dieciséis cumpleaños con un discurso ante las Naciones Unidas en Nueva York. Esto era un gran honor, pero al principio estábamos preocupados. Suponía una gran presión y Malala ya había pasado por mucho físicamente. Ni siquiera había transcurrido un año desde el atentado. Pensamos: «¿Qué va a pasar con esta niña? Todo el mundo mirándola y con unas expectativas tan altas. No tiene más que dieciséis años. ¿Estará a la altura de algo tan impresionante?». Pero entonces vi su fortaleza y me di cuenta de que no podía aconsejarla. Pensé: «Zia, Dios sabe que estos pequeños hombres pueden llevar el peso».

En los meses previos no hablamos mucho sobre ello. Malala estaba completamente centrada en sus estudios. Pero llegó un momento en que la fecha ya estaba tan próxima que me vi obligado a decir: «*Jani*, solo quedan diez días». Ella estaba tan serena, tan segura... Si se hubiera tratado de mí, habría estado en vilo. Habría tenido pánico. Pero Malala nunca tenía pánico. Es tranquila.

Una tarde, después del colegio, vino con una hoja de papel escrita a lápiz. Había hecho un borrador de su discurso durante un recreo. Cuando lo leí, vi las líneas: «La debilidad, el miedo y la desesperanza murieron. La fortaleza, el poder y el valor nacieron. Yo soy la misma Malala».

Grité: «¡Pekai, Pekai! Nuestra Malala no ha cambiado». Nuestra hija era más fuerte. Más poderosa. Más decidida. Su poder estaba creciendo, no disminuyendo.

El discurso también contenía este párrafo: «Un niño, un maestro, un libro, un bolígrafo pueden cambiar el mundo. La educación es la única solución. La educación es lo primero».

Pekai y yo pensamos que debíamos aceptar este poder, esta misión global como dones de Dios inseparables de la vida de nuestra hija. El estatus de Malala y su responsabilidad con millones de niñas en todo el mundo van unidos a su vida, y son celebrados como una nueva vida con la tarjeta de cumpleaños.

Todo lo que le enviaron a Malala cuando estaba recuperándose significaba mucho para nosotros porque nos mostraba que el mundo estaba con ella. No obstante, una cosa fue especialmente importante para *Jani*. Benazir Bhutto siempre ha sido el modelo de Malala. Fue una mujer fuerte que estudió y se convirtió en la primera mujer que ocupó el cargo de primer ministro en nuestro país, dos veces. También tuvo que exiliarse y, finalmente, fue asesinada por sus convicciones. Malala la consideraba un talento perdido, una mujer inteligente y fuerte que fue asesinada por aquello en lo que creía. Entre los regalos que recibió Malala estaban una tarjeta y varios obsequios de los hijos de Benazir Bhutto. Pero en el paquete también había dos velos de Benazir. Cuando llegaron, Malala se los llevó a la cara e inspiró. No podía creer lo que tenía en las manos. La hacían muy feliz.

Tenía todo el sentido que cuando pronunció su discurso en la ONU llevara uno de esos velos. Eligió el blanco y se lo puso sobre los hombros por encima del suyo, rosa oscuro. Cuando *Jani* fue hasta la tribuna de la ONU llevando un velo de Bhutto sobre los hombros, me acordé de ella acurrucada junto al grifo: una niña pequeña lavando el pañuelo del colegio. Entonces había parecido imposible que pudiera valorar un pañuelo tanto como el que llevaba con el uniforme del colegio. Pero debido a su devoción a la causa de la educación, Malala ahora tenía otro velo inestimable que para ella sería igual de valioso.

NO ME CONOZCÁIS COMO LA NIÑA A LA QUE DISPARARON

Poco antes de su discurso ante la ONU, Tina Brown, la editora y periodista británica afincada en Nueva York, organizó una pequeña recepción para nosotros. Malala se encontraba en una esquina. Alguien le dio un micrófono y ella empezó a hablar. Era una pequeña reunión y no creo que ella tuviera la intención de hablar en aquella sala, especialmente porque al día siguiente tenía que pronunciar el gran discurso.

«No quiero que se me conozca como la niña a la que dispararon —dijo—. Quiero que se me conozca como la niña que luchó».

De nuevo, pensé: «Ay, Malala, ¿qué dices? —Y los ojos se me llenaron de lágrimas—. Tiene razón. Tiene razón». Todo ese tiempo había estado leyendo y oyendo hablar en los medios sobre «la niña a la que dispararon. La niña a la que dispararon». Estaba harta de que se la viera de esa manera. Así que dijo: «No me conozcáis como esto. Conocedme como la niña que luchó».

UNA SORPRESA EN CLASE DE QUÍMICA

La asignatura favorita de Malala siempre ha sido la física, pero fue durante una clase de química cuando se enteró de que había ganado el Premio Nobel de la Paz en 2014. Desde su discurso ante la ONU en 2013, junto con la publicación de *Yo soy Malala*, había adquirido una relevancia global. Como cofundadores del Malala Fund viajábamos juntos a todas partes, lo mismo que habíamos hecho cuando estábamos en Pakistán.

En 2013 había habido muchas especulaciones sobre si se le concedería el Premio Nobel. Parecía que en Pakistán los medios estaban esperando el anuncio. Malala y yo estábamos en América, en actividades de nuestra campaña, y recibí muchas llamadas telefónicas preguntándome: «¿No le han llamado todavía? Normalmente llaman por adelantado».

Un año más tarde, el 10 de octubre —un día después del segundo aniversario del atentado—, Malala no pensaba que fuera a recibir este honor. Un colega del Malala Fund iba a venir a nuestra casa para ver conmigo la ceremonia en la que se anunciaría el ganador. «Por favor —dijo Malala cuando se marchaba al colegio con su uniforme verde oscuro—. Hay como 0,0000001 posibilidades de que sea yo. No va a pasar nada. ¡Me voy al colegio!».

Nos sentamos en el sofá. Yo estaba muy nervioso porque quizá en treinta minutos recibiría la llamada telefónica. Nada.

«Bueno, vamos a verlo de todas formas», dijo mi colega. Pusimos el iPad en la mesa delante de nosotros y nos sentamos. En la pantalla se abrió una puerta y Thorbjørn Jagland, presidente del Comité del Nobel, entró en la sala y se colocó tras el podio. Se anunciaron los ganadores: Kailash Satyarthi y Malala Yousafzai.

¡Yo di un salto! Salté desde el sofá y abracé a mi colega. Toor Pekai se unió a nosotros. Fue un momento inolvidable. Un reconocimiento así, a esa edad. Para mí, ser el padre de una joven de diecisiete años que iba a ser distinguida con el Premio Nobel era indescriptible. Ni siquiera en sueños imaginé algo así. Estaba más allá de todo lo que hubiera podido soñar cuando rompí las tijeras de nuestra sociedad que le hubieran cortado las alas.

Cuando la subdirectora del colegio dio un golpecito a la puerta en la clase de química y dijo que quería que Malala fuera con ella para ver a la directora, Malala instintivamente pensó: «Vaya, ¿qué problema hay ahora?». Pero la subdirectora le dio la noticia y luego la llevó a que la felicitara la directora.

Más tarde, Malala pronunció un discurso ante todo el instituto femenino Edgbaston. Fue la única vez en toda su trayectoria de estudiante en que se permitió ser Malala la activista en vez de simplemente una alumna más. Los profesores lloraban. Las alumnas lloraban. Pero Malala no lloró, ni con ellas ni después con nosotros.

No vino a casa tras el anuncio. ¡Por supuesto que no! Acabó su jornada en el colegio y cuando regresó nos abrazamos. Toor Pekai y yo nos pusimos a llorar.

Como padre, tengo distintos sentimientos sobre este premio, que transformó a Malala en «la joven que ganó el Nobel».

Unos meses después fui a Winnipeg a pronunciar un discurso y hablé con un niño pequeño, el hijo de mi primo. Me agaché junto a él y dije: «¿Así que conoces a Malala?».

«Sí, la conozco —fue su respuesta—. Es la niña que ganó el Premio Nobel de la Paz».

«Así es», le dije. Y el niño debió de pensar: «¿Quién es este hombre tan raro, que se pone a llorar por una respuesta tan simple?».

Era maravilloso que ocurriera algo así para su activismo. Como dijo la propia Malala: «Antes caminaba y el Nobel es como una bicicleta para llegar a mi destino».

Malala no estaba interesada en la gloria personal: «Este premio es para nuestra causa, *Aba*. Nos ayudará a defenderla globalmente y atraerá la atención hacia nuestra campaña por la educación de las niñas». Y tiene razón. Ha tenido un gran impacto en el éxito de Malala como activista y defensora de la educación de las niñas. Cada vez hay más personas que hablan de la importancia de la educación para todas las niñas, y especialmente de las que viven en zonas del mundo conflictivas.

A veces imagino cómo habría sido su vida sin la talibanización de nuestro hogar, si hubiéramos podido permanecer en Pakistán. Estoy convencido de que habría sido la misma joven extraordinaria y desempeñado un papel en la vida pública, no globalmente, pero sin duda en Pakistán. En tiempo de paz su vida florecía. En otra vida, a los veintiún años, Malala quizá estaría estudiando ahora en la Universidad de Ciencias de Gestión de Lahore. No habría recibido el Premio Nobel en esta vida alternativa. Probablemente no habría tenido la mayor parte de los premios y reconocimientos que llenan nuestra casa, pero habría seguido siendo Malala.

CASTAÑAS EN EDGBASTON

Llevamos seis años viviendo en Edgbaston, una zona verde de Birmingham cuyas calles están llenas de toda clase de árboles que Pekai y yo solo habíamos visto en lo alto de las montañas de Shangla y Swat. En los campos llanos donde crecimos, solíamos jugar en los huertos donde las ramas de los árboles estaban cargadas de toda clase de frutas. Teníamos árboles llenos de manzanas, melocotones, peras, naranjas y caquis, una deliciosa fruta de un árbol que es muy común en Japón. Para nosotros, era normal vivir entre toda aquella fruta. Pero otros árboles, como los castaños y los robles, las coníferas y los pinos, solo se veían en los caminos hacia la cumbre de las montañas, como cuando subí con mi madre para ver al santo por mi tartamudeo.

Desde el comienzo de nuestra nueva vida en el Reino Unido, me maravillaba poder ir a las tiendas caminando entre troncos de castaños y robles. Ver sus ramas y sus hojas me hacía sentir en casa. Para Pekai aquellos árboles eran sus amigos. A veces les hablaba en pashtún: «Querido árbol, tú estabas con nosotros en Shangla y en Swat. ¿Quién te ha traído aquí con nosotros?».

En invierno siempre hay un mar de castañas color marrón brillante, lo mismo que en las cumbres de las montañas de Shangla. Nosotros llamamos a esos árboles *jawaz*. En Pakistán no atamos las castañas con un cordel, como hacen los niños en el Reino Unido, pero las utilizamos como canicas naturales. En mi infancia, mis hermanas hacían casitas en las que una castaña representaba un búfalo o una vaca pastando. Pekai recuerda que las amigas de su madre extraían las semillas de esas castañas para elaborar un remedio para el dolor de huesos o de las articulaciones.

En Edgbaston, octubre es el momento de las castañas. No nos cansamos nunca de verlas por el suelo.

Este año su caída coincidió con la partida de Malala a Oxford para empezar su carrera allí. Yo sabía que la echaría de menos, pero solo me permití derramar lágrimas una sola vez, la noche en que se marchó, cuando le di una bolsa de frutas deshidratadas, como solía hacer cuando preparaba sus exámenes en el instituto.

He aprendido que no debo ser posesivo, que cuando mis hijos se hacen mayores, yo tengo que dejarles marchar. Cuanto más independiente es Malala, cuanto más vive ella sola, cuanto más se convierte en un ser humano pleno, más gratificante es mi amor por ella. Porque verla vivir su vida tomando ella sola sus decisiones es todo lo que he querido siempre. Esta es mi recompensa.

Estos días Malala apenas viene a Edgbaston. Pasa casi todo su tiempo en Oxford. Ha hecho muchos amigos allí. La hemos visitado cuatro o cinco veces hasta ahora y en cada ocasión he estado con sus amigos y me hace muy feliz que mi hija esté rodeada de personas que la quieren. Para estos nuevos amigos Malala no es es una ganadora del Premio Nobel, sino una compañera de estudios, una joven que es miembro de sociedades internacionales, sociedades de debate e incluso del club de críquet.

Para ella ha sido mucho más fácil que cuando empezó a estudiar en el instituto de Edgbaston por el mero hecho de que llegó al Lady Margaret Hall al mismo tiempo que sus compañeros. Es una estudiante como todos los demás.

Cuando *Jani* llegó a Oxford, todo iba muy bien salvo por un detalle: había arañas en su habitación. Me llamó por teléfono y me dijo: «*Aba*, no me gusta tenerlas aquí». A Atal le aterrorizan las arañas. Malala no tiene esta fobia, pero no se encuentra a gusto con ellas en su habitación. Yo quería ayudarla. Cuando le conté mi dilema a nuestra farmacéutica local, me dijo: «Le recomiendo que ponga unas castañas frescas en los rincones de la habitación. A las arañas no les gustan».

¡El *jawaz* de Edgbaston! Esa tarde me puse mi abrigo largo y di un paseo por los senderos que al principio me habían resultado tan extraños. A mi alrededor todo estaba lleno de castañas y cogí hasta llenarme los bolsillos. Al día siguiente fui a la oficina de correos y metí las castañas en un gran sobre con una nota para Malala diciéndole que las pusiera en los rincones de la habitación. La siguiente vez que me llamó, Malala dijo: «¡*Aba*, creo que las arañas se han marchado!».

Tus hijos a lo mejor no te necesitan de forma evidente, pero como padre es agradable saber que todavía tienes tu utilidad.

CONSEJO FAMLIAR

Me gusta telefonear a Malala para pedirle consejo. ¿Tuiteo este pensamiento político? ¿Qué hago si me cuesta trabajo expresar una idea? ¿Cómo consigo que mi iPhone realice una función determinada? Y ella me orienta. «*Aba*, haz esto, haz aquello». Siempre me ha orientado. Cuando tenía siete años solía decirme, cuando le pedía su opinión sobre la marcha del Colegio Khushal: «*Aba*, me parece que avanza poco a poco como una hormiga».

Ahora me dice muchas veces sobre mi capacidad: «*Aba*, tú puedes aprender esas cosas, pero no crees en ti mismo. Piensas que no puedes aprender. Pero si prestas un poco más de atención a esas cosas, aprenderás a hacerlas. No pienses automáticamente que no son para ti».

Malala ya viaja muchas veces sin mí; ahora la acompañan otras personas del Malala Fund. Hemos viajado juntos por todo el mundo en nuestra campaña por la educación de las niñas, pero ya no me necesita a su lado. Tal y como lo explica, no te levantas una mañana y piensas: «Ya no quiero esto...» o «Ahora estoy preparada para eso...», sino que es un proceso gradual en el que vas tanteando tu camino hacia algo nuevo. Supongo que esto es lo que se llama crecer.

Los polluelos no saben volar cuando nacen. Tienen el instinto, pero les falta la práctica, así que observan a su madre, que abandona el nido con frecuencia, volando de un sitio a otro y les alimenta poniéndoles la comida en el pico. El polluelo va ganando seguridad y, al verlo, los padres se alejan un poco para animarle a que salga a la rama en busca de la comida. El polluelo se cae muchas veces al suelo cuando intenta levantar el vuelo, pero la madre no se asusta. La madre vuela una y otra vez, y poco a poco el polluelo aprende a imitarla. Incluso cuando lo consigue una vez o dos, no le resulta fácil ni es algo automático. No. El polluelo tiene que entrenar los músculos de sus alas para batirlas con más fuerza. Y todo el tiempo la madre le está observando, reforzando el mensaje de que bata sus alas con su propio vuelo. Entonces, un día, el polluelo se eleva y bate sus alas con tanta fuerza que se desplaza por el aire sin problema. Es el momento en que se da cuenta de que ya no necesita que su madre ni ningún otro pájaro le traiga comida o le ofrezca protección. Es el momento en que se da cuenta de que puede volar adonde quiera. La madre nunca impide que esto ocurra. Sería una madre muy incompetente si lo hiciera.

Malala no quería viajar sola a las Naciones Unidas en Nueva York cuando tenía dieciséis años. No quería viajar sin mí a los campos de refugiados en Siria cuando cumplió dieciocho años. Pero ahora tiene veintiún años. En febrero, mientras estaba en

Oxford, visitó tres países en diez días. Fue al Foro Económico Mundial en Davos y después fue al Líbano, donde dio una conferencia de prensa con Tim Cook, consejero delegado de Apple. En general, es ella la que gestiona sus actividades del Malala Fund, pero su posición le impone muchas más demandas de su tiempo que las que tiene una chica normal de veintiún años. Solo cuando vemos señales de que el trabajo es excesivo intervenimos y sugerimos: «No viajes más por ahora. Concéntrate en ser joven».

Estoy orgulloso de que en la tierra existan seres humanos así, cuya vida está dedicada a los demás. Estoy orgulloso de esta joven llamada Malala, que intenta enseñar al mundo que el amor es volcarse en los demás, no en uno mismo. Estoy orgulloso de que esta joven llamada Malala haya aprendido a amarse y valorarse a sí misma, pero se sitúe en una perspectiva más amplia, con el objetivo de proporcionar educación primaria y secundaria de calidad a las niñas en todo el mundo. Y también estoy orgulloso de que esta joven llamada Malala se dedique a su propia educación en Oxford, a ir a fiestas, a comprarse ropa y a contar sus pasos con su Fitbit.

Y solo después de todos estos pensamientos me permito sentirme orgulloso de que esta joven llamada Malala también fue una niña que durmió en nuestra cuna de segunda mano. Estoy orgulloso de que Malala sea hija mía.

Epílogo

VOLVIENDO A CASA

Durante años, he regresado en sueños a Pakistán, a Swat y a Shangla. Y por la mañana me he despertado a miles de kilómetros de casa. Durante todo ese tiempo, Toor Pekai y Malala han deseado que esos sueños se hicieran realidad.

Pero, desde el atentado contra la vida de Malala, Toor Pekai y yo hemos tratado por todos los medios de protegerla, de salvaguardar su vida.

Fue Malala la que no podía soportar por más tiempo no volver a Pakistán. «Abandoné mi casa, abandoné mi país, y no fue por decisión propia —dijo—. Fui a la escuela aquella mañana y no regresé. Salí de mi país en coma inducido».

Reconozco que aunque me alegra por Malala que viaje sin nosotros por todo el mundo, me inquietaba la idea de que volviera a Pakistán.

«Por favor, *Jani*, vamos a esperar un año más». Toor Pekai también tenía dudas al principio y Khushal estaba asustado. Durante semanas tuvo terribles pesadillas o no pudo dormir. Por la noche le oía ir de un lado a otro por la casa, preocupado y nervioso.

Pero Malala estaba empeñada en ir: «Si no volvemos a Pakistán juntos, iré yo sola. Tengo que ir». Así que dije: «Vamos todos».

No puedo expresar con palabras lo que sentí cuando el avión aterrizó en Pakistán y pisamos el suelo de Islamabad. Creo que ni siquiera los poetas han inventado palabras para algo así. Las palabras no hacen justicia a unos sentimientos tan intensos. Y cuando las palabras fallan, tenemos las sonrisas y las lágrimas, que expresan lo que guardamos en nuestro interior.

Malala llora raras veces. Desde el atentado contra su vida, solo ha he visto llorar tres veces. La primera fue cuando por fin llegamos al hospital en el Reino Unido después de diez días separados y nos vio junto a su cama. La segunda fue cuando, el día que cumplió dieciocho años, vio a los refugiados cruzar la frontera de Siria a Jordania, y la tercera cuando escuchó a una madre contar cómo su hijo había resultado malherido en el atentado talibán contra la escuela pública del ejército. Pero durante su primer acto oficial en Pakistán, ante trescientas personas, no pudo dejar de llorar y, con ella, todo el auditorio. El mundo entero vio a Malala llorar porque sus lágrimas eran expresión de su felicidad.

«Hoy es el día más feliz de mi vida», declaró.

Cuando Malala se encontraba entre la vida y la muerte, su cuerpo fue trasladado en un helicóptero desde el helipuerto de Mingora. Mientras sobrevolábamos el valle hasta llegar al hospital en Peshawar, iba sentado junto a ella y la veía en la camilla vomitando sangre. Habíamos dejado en tierra a Pekai, allí de pie, con los brazos en alto sujetando su velo con las manos por encima de su cabeza en una súplica directa a Alá para que le devolviera a su hija con vida. Yo no había visto nada fuera del helicóptero, ni en el aire ni en la tierra, porque estaba con Malala, mirando su cuerpo, tratando de saber cómo estaba respondiendo al trauma, cómo luchaba para aferrarse a la vida.

Esta vez íbamos los cinco en el helicóptero, sanos y salvos; volvíamos por las mismas montañas al mismo helipuerto de Mingora desde el que Malala partió de su hogar. Para nosotros era un triunfo. Mirábamos los campos, las montañas, los lagos y los embalses y las escenas familiares de nuestro maravilloso Swat, el lugar que nos ha hecho como somos. Era como un regalo de Dios, en verdad un regalo de Dios a nuestra familia.

Cuando bajamos del helicóptero, en el helipuerto en el que hubo un momento en que pensé que la muerte se llevaba a mi hija, los cinco nos abrazamos. Nos estrechamos con fuerza unos a otros. Toor Pekai y yo no podíamos dejar de llorar. El helipuerto está a solo unos minutos de nuestra antigua casa en Mingora. El ejército había organizado un dispositivo de alta seguridad para proteger a Malala. Fuimos a nuestra casa. Cuando llegamos a sus muros blancos y al patio cerrado, yo me arrodillé y puse las manos en el suelo. Tenía que tocar la tierra, tenerla en mis palmas. Besé la tierra. La besé como cuando te reencuentras con una amada, con una madre, después de mucho, mucho tiempo. Lo único que quieres es estrechar fuertemente a esa maravillosa criatura.

Malala y los chicos fueron corriendo a las habitaciones que habían sido suyas. Malala vio los dibujos en la pared que había hecho cuando era pequeña y los premios que había obtenido como parte de esa educación que había tratado de salvar.

Cuando partimos de Mingora, el helicóptero nos llevó a la Escuela de Cadetes de Swat, que está gestionada por el ejército, al pie de las montañas. Una alfombra roja esperaba a Malala, que la cruzó hasta el lugar en el que nos ofrecieron una comida. De regreso al helicóptero vimos a un nutrido grupo de soldados en formación junto a sus vehículos. Cuando pasamos junto a ellos, Malala los saludó con la mano, y ellos respondieron quitándose la gorra en señal de profundo respeto. Fue uno de los momentos más hermosos de nuestro viaje a Pakistán.

La presencia misma de Malala en Pakistán supuso un cambio para nuestro país. Simbolizaba el cambio. Ni siquiera tenía que hablar porque su presencia física ya personificaba la paz y la educación.

Organizamos dos comidas para nuestros amigos y allegados de Shangla y Swat, a la mayoría de los cuales no habíamos visto desde que partimos apresuradamente en 2012. Esperábamos a unas cien personas de Shangla, pero fueron hasta el hotel más de trescientas para saludar a Malala y vernos. Era un viaje de ocho horas. Mi segunda madre estaba en este grupo. No la veía desde hacía seis años, y cuando entró en silla de ruedas fue conmovedor. Sentí un impulso cariñoso hacia ella y pensé que me gustaría ofrecerle unas flores como muestra de mi profundo afecto. Pero no tenía flores. Miré alrededor y vi que el hotel tenía un arreglo floral. Las flores eran blancas y yo las habría preferido de colores vivos, pero cogí varias. Me arrodillé junto a mi madre, le di las flores y le dije cuánto la quería. Me sentía un poco como si hubiera robado esas flores, pero en el hotel fueron muy generosos y amables y no dieron importancia a que las hubiera cogido. Quizá se apoderó de mí una especie de locura. Al segundo día, también esperábamos unas cien personas de Swat, pero de nuevo se presentaron más de trescientas. En aquella muchedumbre había tres generaciones de familias, desde bebés hasta ancianos de más de noventa años. Me hacía tan feliz ver a todas aquellas personas sentadas en la misma sala, celebrando nuestro regreso a casa. Malala iba de una mesa a otra, asegurándose de dar a todo el mundo la bienvenida personalmente.

Malala pronunció un discurso ante el primer ministro Shahid Khaqan Abbasi y él se levantó cuatro veces cuando ella pasó por delante de él para ir al estrado. «Malala —le dijo él—, ya no eres una ciudadana más de Pakistán. Eres la pakistaní más famosa del mundo».

«Los malos días han pasado —pensé—. *Jani* ha vuelto a su país y la gente la apoya. Continuará con su campaña por cada niña en cada aldea, en cada ciudad y en cada país, por los ciento treinta millones de niñas que no van a la escuela».

Y un día quizá podamos regresar por fin todos a casa.

Agradecimientos

El gran poeta urdu Saleem Kausar tiene un verso maravilloso que dice: ‎سر آئینہ مرا عکس ہے پس آئینہ کوئی اور ہے‎. (Delante del espejo está mi reflejo, pero hay otro [hay muchos] detrás del espejo).

Aunque este libro lleva mi nombre en él, este verso se refiere a todas las personas, familia y amigos, que me ayudaron a hacerlo realidad.

Escribirlo ha sido una suerte de viaje para mí, como lo ha sido para muchos otros, y me considero muy afortunado por haber tenido a Louise Carpenter como coautora. Por lo tanto, mi primera y principal gratitud es para ella. Este viaje ha supuesto un desafío intelectual y ha estado cargado emocionalmente. Con Louise como atenta oyente y maravillosa escritora, ha sido una experiencia increíblemente enriquecedora. Louise reía, lloraba y sonreía conmigo mientras compartía mis historias y experiencias. Puso toda su alma en expresar mi historia de la mejora manera posible. Gracias, Louise, por hacer este libro realidad conmigo.

Aunque yo sea el narrador del libro, no habría podido escribirlo sin mi pareja, mi gran amiga y compañera, mi esposa, Toor Pekai. A lo largo del proceso, mientras trabajaba con Louise, a veces me acordaba de algo cuyos detalles se me escapaban. Entonces gritaba: «¡TOOR PEKAI!» y ella venía corriendo. Como tiene una memoria de elefante, recordaba todos los detalles de las historias que yo quería contar. Gracias, Toor Pekai, por ser generosa y apasionada en tus aportaciones y por estar ahí cada vez que te he necesitado en mi vida.

Justificadamente, el mundo me conoce como el orgulloso padre de Malala. Pero también soy el afortunado padre de dos hijos extraordinarios: Khushal Khan y Atal Khan. Los dos son únicos y especiales a su manera. Este libro también es la historia de un padre y sus hijos. Gracias, Khushal y Atal, por vuestra sincera participación.

Malala llevaba tiempo pidiéndome que escribiera un libro. Como su libro *Yo soy Malala* contiene muchas historias de nuestra familia, quería que en este libro yo presentara mi perspectiva. Me ayudó a orientar el enfoque del libro y, a pesar de todo el tiempo que le ocupan sus estudios en Oxford, compartió su parte de la historia y escribió el prólogo. Gracias, mi querida *Jani*, por ser mi fuerza y por estar a mi lado cada día desde tu infancia hasta hoy.

Aparte de a mi familia, quiero dar las gracias a Darnell Strom y a Jamie Joseph, siempre dispuestos a motivarme. Adam Grant, coautor de *Option B*, fue una fuente de inspiración con sus palabras de aliento. Gracias, Adam, por tus amables palabras.

Mi amigo y mentor de mi hijo Khushal, Simon Sinek, también merece mi gratitud. En solo una sesión, resolvió mi dilema sobre el título y sugirió *Let Her Fly*, que tanto a mí como a todos los relacionados con el libro nos pareció que captaba su sentido. Gracias, Simon, por tu sabiduría y tu visión.

Nuestra familia ha sido muy afortunada por haber estado rodeada de personas extraordinarias desde que nos trasladamos al Reino Unido. Una de ellas es Karolina Sutton, una mujer maravillosa cuya honestidad profesional siempre me ha impresionado. Es una sincera amiga de la familia en la que confiamos mucho. Gracias, Karolina, por apoyar nuestro trabajo literario.

Estoy muy agradecido a Judy Clain, de Little, Brown, por su interés personal en el libro y por sus ánimos constantes, y por ser estricta con los plazos. Tiene todas las grandes cualidades que necesita un editor. Gracias, Judy; mucho respeto.

También estoy inmensamente agradecido a Maria Qanita, coordinadora y amiga de la familia, que apoyó este proyecto de tantas formas, desde gestionando mis desplazamientos hasta tomando parte en discusiones intelectuales. Eason Jordan, gran amigo de la familia, estuvo presto a ayudar cuando le pedí fotografías familiares. Como he dicho tantas veces: «Eason siempre encuentra una solución». Gracias a Qasim Swati y a Tom Payne por sus traducciones poéticas de mis poemas, que aportan valor al libro. Y, por último, gracias a Usman Ali, que es como un hermano adoptivo para mí y que ha ayudado tanto a nuestra familia a lo largo de los años.

Espero que este libro sea una experiencia enriquecedora y feliz para todos sus lectores y que transmita el amor, la cordialidad y el afecto mutuos que sentimos mis amigos y mi familia.

Con gratitud, Ziauddin Yousafzai

Hay muchas personas que me ayudaron con sus opiniones y su hospitalidad: Maryam Khalique, Hai Kakar, la doctora Fiona Reynolds y su esposo, Adrian Bullock, y la amiga y profesora de Toor Pekai Janet Culley-Tucker. También estoy agradecida a la familia extensa Yousafzai en Pakistán, que ayudaron de diversas formas y dieron permiso para utilizar sus historias. La comida de Usman Bin Jan fue deliciosa. Me gusta mucho una taza de té inglés, pero he de reconocer que el *dhood patti* es lo mejor. Fue una alegría conocer a Samina Nawaz.

Me gustaría dar las gracias a la familia Yousafzai. A Toor Pekai por sobrellevar mis largas jornadas de trabajo con Ziauddin y por confiarme su historia, tan importante en sí misma; a Khushal y Atal, por ser honestos sobre épocas difíciles de sus vidas, al tiempo que me hacían reír; y a Malala, por encontrar tiempo en un calendario tan apretado como el suyo para hablar conmigo.

Gracias a mi agente, Karolina Sutton, por no permitir que nos desviáramos en el camino; a Judy Clain, que me guio con una mezcla de claridad y confianza; a Betsy Uhrig, editora de producción respetuosa y diligente; y a Jamie Joseph, mi editor británico, por su gran apoyo. No podría haber cumplido los plazos sin Sophie Swietochowski, que transcribió con pulcritud horas de conversaciones.

El criterio literario y el amor de mi esposo, Tom Payne, son inestimables, y mis queridos hijos han sido pacientes y han colaborado en todo el proceso.

Sobre todo, me gustaría dar las gracias a Ziauddin. Ha sido un trabajo duro, pero también enormemente divertido. No hay otra palabra para describirlo. Hemos reído, pero también lloramos muchas veces. Me siento privilegiada por haber contribuido a contar esta historia de valentía y bondad. Y, al hacerlo, creo que he ganado un amigo para siempre.

Louise Carpenter

Sobre los autores

Ziauddin Yousafzai es activista en pro de la educación y los derechos humanos, y maestro. Procede del valle de Swat en Pakistán, donde, corriendo un gran peligro y en una atmósfera de miedo y violencia, desafió y resistió pacíficamente los intentos de los talibanes de cerrar las escuelas y limitar la libertad personal. Después de trasladarse al Reino Unido, continuó su campaña por la educación y, como cofundador del Malala Fund con su hija, Malala, está construyendo un movimiento de apoyo para que, en todo el mundo, las niñas tengan derecho a doce años de educación. La Universidad Wilfrid Laurier, de Canadá, le ha concedido un doctorado *honoris causa* en derecho, y es embajador global del Proyecto Mujeres en el Servicio Público, dependiente del consejo del Instituto Global de las Mujeres (GWI), de la Universidad George Washington, así como asesor especial de las Naciones Unidas sobre la Educación Global.

Louise Carpenter es una autora británica que colabora principalmente con el *Times Magazine* dominical. Su trabajo ha aparecido en muchas otras publicaciones, como *Granta, The Guardian, The Telegraph* y *Vogue*, y reproducido en medios de todo el mundo. Es autora de dos libros de no ficción y vive en Somerset con su familia.